Connections I
Workbook

Connections I

A Cognitive Approach to Intermediate Chinese

Workbook

Jennifer Li-chia Liu

劉力嘉

This book is a publication of

Indiana University Press
601 North Morton Street
Bloomington, Indiana 47404-3797 USA

http://iupress.indiana.edu

Telephone orders   800-842-6796
Fax orders   812-855-7931
Orders by e-mail   iuporder@indiana.edu

The paper used in this publication meets the minimum
requirements of American National Standard for Information
Sciences—Permanence of Paper for Printed Library
Materials, ANSI Z39.48-1984.

Manufactured in the United States of America

Cataloging information is available from the Library of Congress

By Jennifer Li-chia Liu
ISBN 0-253-21663-X paperback (Connections I)
ISBN 0-253-21664-8 paperback (Connections I: Workbook)
ISBN 0-253-34385-2 CD-ROM (Connections)

By Jennifer Li-chia Liu
ISBN 0-253-21665-6 paperback (Connections II)
ISBN 0-253-21666-4 paperback (Connections II: Workbook)

1 2 3 4 5 09 08 07 06 05 04

Contents

Preface

This **Workbook** is designed to complement the student text **Connections I: A Cognitive Approach to Intermediate Chinese** and to give students of diverse backgrounds a variety of practice activities in spoken as well as written Chinese.

All the exercises are based on the communicative approach to language teaching. Lessons are arranged to facilitate the acquisition of discrete language points and provide practice in all four language skills. To encourage the awareness of cultural differences, exercises are contextualized whenever possible, with realistic and practical Chinese language situations.

For all lessons, both language-focused discrete practice and skill-oriented synthesized tasks are provided. The exercises are divided into six sections: (1) Vocabulary and Characters, (2) Grammar, (3) Listening, (4) Speaking, (5) Reading, and (6) Writing. Some examples of materials include songs, riddles, jokes, as well as excerpts taken from everyday life, such as transportation schedules, maps, newspaper ads, etc.

It is recommended that the workbook exercises be assigned *selectively*. Workbook lessons coincide with specific sections in the main textbook. For instance, there are vocabulary exercises in the Workbook to accompany the vocabulary section in the main textbook, grammar exercises to accompany the grammar section, and so on. Teachers are encouraged either to assign students exercises individually or to do them together in class as students' ability and interest dictates. One approach might be to ask ethnic Chinese, who may already be proficient in speaking, to focus on reading and writing. Speaking and grammar sections might be done in class, listening saved for quizzes, writing given as homework. In sum, students are *not* expected to complete all the exercises in each lesson.

The Listening sections are designed to be used with the accompanying audiotapes. The tapescripts for the Listening section recorded on cassettes as well as the answer key for some exercises are given in the teacher's manual. Some visuals in the book are created in Corel Draw. Others are adapted from the clip art in Corel Gallery published by Corel Corporation, 1994. Most of the authentic reading materials included in the Reading section are from the World Journal 世界日報 Shìjiè Rìbào published in New York (2000) and from the Yellow Pages of Taipei (1991). Some authentic materials are items that I've collected during my trips to mainland China and Taiwan. Some of the riddles and jokes are adapted from the following: *Selected Jokes from Past Chinese Dynasties* 中國歷代笑話精選 (Sinolingua, 1992), *A Comprehensive Collection of Chinese Riddles* 中國謎語大全 (Shanghai Wenyi Chubanshe 上海文藝出版社, 1990). Last but not least, I would like to thank Brian Baumann and Dawn Ollila for their editorial help.

Jennifer Liu

第一課　那個老外怎麼還沒來？

I. Vocabulary & Characters

A. Choose the right definition for each word.

  _f_　1.　一切　　　　a.　很長時間
  　　　　一切　　　　　　　很长时间

  _e_　2.　晚點　　　　b.　旅行的時候帶的東西
  　　　　晚点　　　　　　　旅行的时候带的东西

  _b_　3.　行李　　　　c.　不夠時間做…事
  　　　　行李　　　　　　　不够时间做…事

  _a_　4.　半天　　　　d.　對…很清楚
  　　　　半天　　　　　　　对…很清楚

  _c_　5.　來不及　　　e.　飛機、火車或公車來得晚了
  　　　　来不及　　　　　　飞机、火车或公车来得晚了

  _d_　6.　熟悉　　　　f.　每一件事情
  　　　　熟悉　　　　　　　每一件事情

B. Choose the right answer to complete each sentence.

  _d_　1.　出國的時候，你帶_____。　　出国的时候，你带_____。
  　　　　a. 護照　　　c. 簽證　　　a. 护照　　　c. 签证
  　　　　b. 機票　　　d. 上面都對　b. 机票　　　d. 上面都对

  _b_　2.　他申請了兩家學校，現在還在　他申请了两家学校，现在还在
  　　　　等_____。　　　　　　　等_____。
  　　　　a. 郵件　　　c. 情況　　　a. 邮件　　　c. 情况
  　　　　b. 消息　　　d. 聲音　　　b. 消息　　　d. 声音

  _c_　3.　我不敢_____那個老外的中文　我不敢_____那个老外的中文
  　　　　這麼好。　　　　　　　　　　这么好。

a. 聽到	c. 相信		a. 听到	c. 相信
b. 學習	d. 熟悉		b. 学习	d. 熟悉

___8___ 4. 他說他要來機場_____我。   他说他要来机场_____我。

a. 發	c. 見面		a. 发	c. 见面
b. 過	d. 接		b. 过	d. 接

___b___ 5. _____我沒帶太多東西，_____   _____我没带太多东西，_____
過海關一定會搞半天。   过海关一定会搞半天。

a. 原來/突然	a. 原来/突然
b. 好在/要不然	b. 好在/要不然
c. 好在/要不是	c. 好在/要不是
d. 原來/要不是	d. 原来/要不是

C. Choose the appropriate words to complete the following paragraph.

a. 熟悉	b. 來不及	c. 消息	d. 留學 留学	e. 一切	f. 申請 申请	g. 好在	h. 發 发	i. 辦 办

我想出國__留學__₁，但是不知
道應該__申請__₂哪個學校。我對中
國的情況不太__熟悉__₃，__好在__₄我
的老師是從北京來的，她幫了我很
多忙。她告訴我，中國很多學校都
有教外國人漢語的課，應該都不
錯。但是出國要__辦__₅的事情很
多，我應該早一點開始選學校，要
不然就__來不及__₆了。如果有問題，
我可以給那些學校__發__₇電子郵
件，問清楚__一切__₈事情。我一有好
__消息__₉一定要馬上告訴我的老
師。

我想出国_____₁，但是不知
道应该_____₂哪个学校。我对中
国的情况不太_____₃，_____₄我
的老师是从北京来的，她帮了我很
多忙。她告诉我，中国很多学校都
有教外国人汉语的课，应该都不
错。但是出国要_____₅的事情很
多，我应该早一点开始选学校，要
不然就_____₆了。如果有问题，
我可以给那些学校_____₇电子邮
件，问清楚_____₈事情。我一有好
_____₉一定要马上告诉我的老
师。

D. Find the incorrect character in each of the following sentences and write the correct character on the lines provided.

_____ 1. 我今天事晴很多。　　　　　　我今天事晴很多。

_____ 2. 你在高什麼？　　　　　　　　你在高什么？

_____ 3. 我對這兒不太熱悉。　　　　　我对这儿不太热悉。

_____ 4. 現在去北京的幾票貴嗎？　　　现在去北京的几票贵吗？

_____ 5. 學中文有取嗎？　　　　　　　学中文有取吗？

II. Grammar

Answer the following questions using the patterns provided.

1. Expressing a fortunate condition

| 好在(S)···，(要不然)　　hǎozài...(yàoburán)　fortunately...(otherwise) |

1. 今天的考試怎麼樣？　　　　　今天的考试怎么样？

　　_____

2. 你跟你的教授見了面嗎？　　　你跟你的教授见了面吗？

　　_____

3. 你申請了那個工作沒有？　　　你申请了那个工作没有？

　　_____

2. Expressing a contingency

| 要不是S₁... S₂(早)就　　yàobushì...(zǎo)jiù　If it had not been for..., then... |
| S₁要不是... S₂(早)就 |

要不是S$_1$... S$_2$(早)就　　yàobushì...(zǎo)jiù　If it had not been for..., then...
S$_1$要不是... S$_2$(早)就

1. 那兒不是很漂亮嗎？你為什麼不　　那儿不是很漂亮吗？你为什么不
　　去呢？　　　　　　　　　　　　去呢？

　　_____

2. 你明明喜歡那部電影，爲什麼不   你明明喜欢那部电影，为什么不
    買票去看呢？   买票去看呢？

    _____

3. 今天有晚會，你怎麼還在家呢？   今天有晚会，你怎么还在家呢？

    _____

3. Expressing a sensory reaction

V起來 Adj	…qǐlái…	when, in the doing of V

1. 你爲什麼決定買那件衣服？   你为什么决定买那件衣服？

    _____

2. 你想高德中是個什麼樣的人？   你想高德中是个什么样的人？

    _____

3. 爲什麼他的父母不讓他開那輛跑   为什么他的父母不让他开那辆跑
    車pǎochē？   车？

    _____

4. Expressing the actual reality behind a false assumption

（以爲）…原來…	… (yǐwéi)…yuánlái…	(thought)…it turns out that…
以爲…其實…	…yǐwéi…qíshí…	thought…actually…
以爲…哪知道…	…yǐwéi…nǎzhīdào…	thought…who knew that…

1. 他看起來是個外國人，怎麼會說   他看起来是个外国人，怎么会说
    中文？   中文？

    _____

2. 他看起來是個中國人，爲什麼學   他看起来是个中国人，为什么学
    中文？   中文？

    _____

3. 你爲什麼不給他打電話？(I thought   你为什么不给他打电话？
    that he had not come back from China.)

_____

5. Making a confirmation

| A就是B | …jiùshì… | A is B |
| A就是B的意思 | …jiùshì…de yìsi | A means/refers to B |

1. 你認識他嗎？   你认识他吗？

_____

2. 「一切順利」是什麼意思？   "一切顺利"是什么意思？

_____

3. 你知道什麼是「老美」嗎？   你知道什么是"老美"吗？

_____

6. Expressing interest in something

| A對B(Adv)感興趣 …duì…gǎn xìngqù | A is interested in B |

1. 爲什麼現在學中文的人越來越多？   为什么现在学中文的人越来越多？

_____

2. 爲什麼他突然轉學了？   为什么他突然转学了？

_____

3. 爲什麼你不申請那個大學？   为什么你不申请那个大学？

_____

III. Listening

Listen to each passage and answer the following questions.
Part 1   ___   1.   The speaker is expressing…

     a. his complaints.

     b. his good fortune.

     c. his regret.

     d. his worries.

Part 2 ___ 2. The speaker...

     a. wishes that he had stopped studying Chinese some time ago.

     b. will probably continue to study Chinese.

     c. regrets that he hadn't started studying Chinese sooner.

     d. wishes that he could have more fun with his study of Chinese.

Part 3 ___ 3. The man...

     a. was just back from Xiao Gao's place.

     b. was just back from China.

     c. reached the airport just in time.

     d. came back to his appointment with the woman just in time.

___ 4. The woman...

     a. knew that Xiao Gao is going to China to study.

     b. was waiting for Xiao Gao to take her to the airport.

     c. was unhappy because she couldn't see Xiao Gao off at the airport.

     d. hopes Xiao Gao has a great trip to China.

Part 4 ___ 5. Where did this conversation take place?

     a. At customs.

     b. At the airport.

     c. At a school.

     d. In an office.

___ 6. What is true about the man?

     a. He has never been to Beijing.

     b. He has been to Beijing only once.

     c. He is very familiar with everything in Beijing.

     d. He is an overseas student from China.

Part 5 ___ 7. The man...

     a. thinks that the "foreigner" speaks Chinese better than Chinese people.

     b. has mistaken the "foreigner" for a Chinese because he sounds like a native speaker.

     c. thinks that the "foreigner" is so gifted at language learning that he hardly studies.

　　　d.　thinks that the "foreigner" doesn't speak Chinese well.

___　8.　The woman thinks that in order to learn English well...
　　　a.　the man should go to the U.S. to study.
　　　b.　the man should stay in the U.S. a few more years.
　　　c.　the man shouldn't hang around other Chinese people so much.
　　　d.　the man should study all day long.

IV. Speaking

A.　Talk about yourself
　　Use the following questions as cues.

1.　你出過國嗎？去了什麼地方？在那兒做了什麼？

你出过国吗？去了什么地方？在那儿做了什么？

2.　你留過學嗎？想去哪兒留學？為什麼？想學什麼？想去多長時間？

你留过学吗？想去哪儿留学？为什么？想学什么？想去多长时间？

3.　你坐飛機的時候，有過什麼問題？你喜歡坐飛機嗎？為什麼？

你坐飞机的时候，有过什么问题？你喜欢坐飞机吗？为什么？

4.　你喜歡給人發電子郵件嗎？為什麼？常常給誰發電子郵件？你上次寫信是什麼時候？

你喜欢给人发电子邮件吗？为什么？常常给谁发电子邮件？你上次写信是什么时候？

5.　你常常收到很多電子郵件嗎？是誰寫來的？

你常常收到很多电子邮件吗？是谁写来的？

6.　你這學期選了幾門課？這些課重不重？你對什麼最感興趣？

你这学期选了几门课？这些课重不重？你对什么最感兴趣？

B.　Buy a plane ticket
　　You want to buy a plane ticket to Beijing, China. Before you pay, you want to make sure everything is right. Ask an airline company representative the following questions.

1.　飛機什麼時候起飛 qǐfēi 'to take off'？什麼時候到北京？一共要飛多長時間？

飞机什麼时候起飞？什么时候到北京？一共要飞多长时间？

2. 飛機會在哪兒轉機？會停 tíng 'stop' 多長時間？會不會晚點？   飞机会在哪儿转机？ 会停多长时间？会不会晚点？

3. 來回機票要多少錢？一個人可以帶多少件行李？行李應該多大？   来回机票要多少钱？ 一个人可以带多少件行李？行李应该多大？

C. Make a friend on the plane
During your flight to Beijing, you sit next to someone who is very cute. You want to make friends with him/her. Find out the following:

1. Where he/she lives.   他/她住哪兒？   他/她住哪儿？

2. What he/she does.   他/她是做什麼的？   他/她是做什么的？

3. Why he/she is going to China.   他/她爲什麼去中國？   他/她为什么去中国？

4. How often he/she goes there.   他/她多久去中國一次？   他/她多久去中国一次？

5. Where he/she is staying.   他/她在中國的時候，住哪兒？   他/她在中国的时候，住哪儿？

6. Hong long he/she is staying.   他/她會住多久？   他/她会住多久？

7. What he/she likes to do there.   他/她在中國的時候，喜歡做什麼？   他/她在中国的时候，喜欢做什么？

 # V. Reading

A. Reading a text
Check your comprehension of the lesson text by deciding which statement is correct.

___ 1. 小高到北京留學，_____。   小高到北京留学，_____。
    a. 一切都很順利。   a. 一切都很顺利。
    b. 辦簽證不太順利。   b. 办签证不太顺利。
    c. 申請護照花了很長時間。   c. 申请护照花了很长时间。

___ 2. 小高_____。   小高_____。

a. 去機場是小李送的。　　　　　　　a. 去机场是小李送的。

b. 在芝加哥轉機很快。　　　　　　　b. 在芝加哥转机很快。

c. 到了北京，沒有人來接他。　　　　c. 到了北京，没有人来接他。

___ 3. 小高到北京的時候，_____。　　　小高到北京的时候，_____。

a. 一個行李不見了。　　　　　　　　a. 一个行李不见了。

b. 在海關的地方搞了半天。　　　　　b. 在海关的地方搞了半天。

c. 飛機晚點了。　　　　　　　　　　c. 飞机晚点了。

___ 4. 小高覺得_____。　　　　　　　　小高觉得_____。

a. 小李沒幫他什麽忙。　　　　　　　a. 小李没帮他什么忙。

b. 小李的爸爸和小李長得很像。　　　b. 小李的爸爸和小李长得很象。

c. 小李的爸爸聽起來很像小李。　　　c. 小李的爸爸听起来很象小李。

___ 5. 小李_____。　　　　　　　　　　　小李_____。

a. 剛來的時候只對英文感興趣。　　　a. 刚来的时候只对英文感兴趣。

b. 覺得自己現在太忙了。　　　　　　b. 觉得自己现在太忙了。

c. 覺得自己的課很有意思，也　　　　c. 觉得自己的课很有意思，也
   不重。　　　　　　　　　　　　　　　不重。

B. Reading a journal

Read the journal passage below and answer the following questions.

美英的日記 rìjì 'diary'

九月九日　星期三　晴 qíng 'sunny'

　　今天小李送德中到機場去了，

我以爲他學中文只是好玩，哪知道

他對中文這麽感興趣。申請學校、

辦護照、辦簽證，搞半天，就是要

到中國去學中文。

　　不知道美國留學生在中國的生

活怎麽樣？他會不會遇到 yùdào 很多

美英的日记

九月九日　星期三　晴

　　今天小李送德中到机场去了，

我以为他学中文只是好玩，哪知道

他对中文这么感兴趣。申请学校、

办护照、办签证，搞半天，就是要

到中国去学中文。

　　不知道美国留学生在中国的生

活怎么样？他会不会遇到很多有趣

有趣的事情？會不會遇到很多問題？他對北京一點兒也不熟悉，不過聽說小李的爸爸會去機場接他，希望他一切順利，拿行李、過海關都沒有問題。

不知道他什麼時候會給我發電子郵件，告訴我他在北京的消息，真想馬上知道他的情況。聽說他會在北京住半年、在台北住半年，我們下一次見面，應該是一年以後了。

T / F 1. 美英不敢相信小高會到北京留學。

T / F 2. 美英對美國留學生在北京的生活很熟悉。

T / F 3. 美英擔心小高到了北京，沒有人去接他。

T / F 4. 美英希望小高馬上給她發電子郵件。

T / F 5. 美英看起來很想小高。

T / F 6. 「遇到」的意思就是「聽到」。

的事情？会不会遇到很多问题？他对北京一点儿也不熟悉，不过听说小李的爸爸会去机场接他，希望他一切顺利，拿行李、过海关都没有问题。

不知道他什么时候会给我发电子邮件，告诉我他在北京的消息，真想马上知道他的情况。听说他会在北京住半年、在台北住半年，我们下一次见面，应该是一年以后了。

美英不敢相信小高会到北京留学。

美英对美国留学生在北京的生活很熟悉。

美英担心小高到了北京，没有人去接他。

美英希望小高马上给她发电子邮件。

美英看起来很想小高。

"遇到"的意思就是"听到"。

C. Reading authentic material

1. Read the advertisement below and indicate whether the statements are true or false.

____a. There will be four direct flights from Detroit to Beijing every week.

____b. There will be four direct flights from Detroit to Shanghai every other day.

____c. There will be two direct flights from Detroit to Shanghai every week.

2. Read the advertisement on the left and answer the following questions.

   ___a. This ad is about (1) three pictures (2) three identification cards (3) three offices.

   ___b. If you contact them, you can speak to them in (1) Cantonese (2) Mandarin (3) Taiwanese.

   ___c. They (1) can't take care of your passport (2) can pick you up at the airport (3) can't find a place for you to stay.

3. Read the following advertisement and answer the following questions.

   ___a. If one goes to the website 'hooloo.com' to shop, one has a chance to win (1) two tickets from New York to Asia (2) one round-trip ticket to Asia (3) two one-way tickets to Asia.

   ___b. Winners will be drawn (1) once a month (2) once a week (3) every day.

VI. Writing

A. Try as best you can to fill out the following form to apply to a school in China.

北京师范大学外国留学生登记表 №

姓 名	中 文		国 籍		
	外 文		宗 教 信 仰		
			性 别		
出 生 时 间			婚 否		
家 庭 住 址					
国内所在单位		健康情况			
文 化 程 度		学生类别			
会 何 种 语 言					

| 护 照 | 护照号码 | | 发证机关 | | |
| | 有效期限到 | 198 年 月 日 | 变更情况 | 年 月 日 | |

| 居 留 证 号 码 | | 有效期限到 198 年 月 | 变更情况 | 年 月 日 |
| 来 华 时 间 | | 到校时间 | | 离校时间 |

| 接受留学生系别 | | 学生年限 | |
| 推荐单位或个人 | | 毕业时间 | |

| 留学生经费负担办法 | |

学习什么专业？研究、进修主要内容

学习过哪些主要课程？

B. Unscramble the following to form a coherent passage.

(1)原來中國人總是覺得自己是世界的「中心」，而且這個世界是跟著中國人走的，只要你不是中國人，就是「外國人」。

(1)原来中国人总是觉得自己是世界的"中心"，而且这个世界是跟着中国人走的，只要你不是中国人，就是"外国人"。

(2)我真不明白中國人為什麼管外國人叫「老外」，最有意思的是，在美國的中國人也把美國人叫「老外」。

(2)我真不明白中国人为什么管外国人叫"老外"，最有意思的是，在美国的中国人也把美国人叫"老外"。

(3)好在除了這個以外，「老外」沒有什麼特別不好的意思，「老」字也不是真的說一個人「老」，要不然我們的中文「老」師一定早就氣死了。

(3)好在除了这个以外，"老外"没有什么特别不好的意思，"老"字也不是真的说一个人"老"，要不然我们的中文"老"师一定早就气死了。

(4)真搞不懂誰是「外國人」？明明「老中」是「老外」，可是他們還不覺得自己是在外國。

(4)真搞不懂谁是"外国人"？明明"老中"是"老外"，可是他们还不觉得自己是在外国。

The correct sequence is: _____

C. Write a short essay introducing yourself 〈自我介紹〉 to someone you have never met but with whom you would like to be friends. Include details on your family background, major, studies, and likes and dislikes. Use the standard Chinese writing paper on the next page and write one character in each cell, including one cell for punctuation marks. In case one page is not enough, you might want to copy the page.

第二課　他怎麼那麼愛管閒事？

I. Vocabulary & Characters

A. Choose the right answer to complete each sentence.

____ 1.　上課以前，我得＿＿＿＿新的生詞。　　上课以前，我得＿＿＿＿新的生词。
   a. 討論　　　　c. 預習　　　　a. 讨论　　　　ⓒ 预习
   b. 複習　　　　d. 想像　　　　b. 复习　　　　d. 想象

____ 2.　他的書雖然多，但都放在書架　　他的书虽然多，但都放在书架
　　　　上，＿＿＿＿極了。　　　　　　上，＿＿＿＿极了。
   a. 乾淨　　　　c. 有用　　　　a. 干净　　　　c. 有用
   b. 舒服　　　　d. 整齊　　　　b. 舒服　　　　ⓓ 整齐

____ 3.　他是這裏＿＿＿＿的老外，所以大　　他是这里＿＿＿＿的老外，所以大
　　　　家英文有問題，都找他。　　　　家英文有问题，都找他。
   a. 只有　　　　c. 唯一　　　　a. 只有　　　　ⓒ 唯一
   b. 才　　　　　d. 卻　　　　　b. 才　　　　　d. 却

____ 4.　你來上課，應該帶＿＿＿＿。　　你来上课，应该带＿＿＿＿。
   a. 課本　　　　c. 內容　　　　ⓐ 课本　　　　c. 内容
   b. 生詞　　　　d. 句型　　　　b. 生词　　　　d. 句型

____ 5.　我每天都要出去＿＿＿＿，要不然　　我每天都要出去＿＿＿＿，要不然
　　　　會頭疼。　　　　　　　　　　会头疼。
   a. 參加　　　　c. 課外　　　　a. 参加　　　　c. 课外
   b. 適應　　　　d. 活動　　　　b. 适应　　　　ⓓ 活动

____ 6.　＿＿＿＿明天有沒有考試，我＿＿＿＿　　＿＿＿＿明天有没有考试，我＿＿＿＿
　　　　要複習。　　　　　　　　　　要复习。
   a. 不管/常常　c. 不管/都　　a. 不管/常常　c. 不管/都
   b. 無論/才　　d. 無論/卻　　b. 无论/才　　d. 无论/却

B. Choose the answer that paraphrases the phrase in bold.

　　c　　1.　　這個地方有床、桌、椅，**甚至還**　这个地方有床、桌、椅，**甚至还**
　　　　　　　　有一套小沙發。　　　　　　　　**有一套小沙发**。
　　　　　　　　a.　其實還有不小的沙發。　　　a.　其实还有不小的沙发。
　　　　　　　　b.　好在還有小沙發。　　　　　b.　好在还有小沙发。
　　　　　　　　c.　連小沙發都有。　　　　　　c.　连小沙发都有。

　　b　　2.　　那個孩子**好奇得很**。　　　　那个孩子**好奇得很**。
　　　　　　　　a.　很喜歡管閒事。　　　　　　a.　很喜欢管闲事。
　　　　　　　　b.　對什麼都很感興趣。　　　　b.　对什么都很感兴趣。
　　　　　　　　c.　看起來很奇怪。　　　　　　c.　看起来很奇怪。

　　c　　3.　　我覺得這**住起來舒服極了**。　我觉得这里**住起来舒服极了**。
　　　　　　　　a.　住的時候覺得很好。　　　　a.　住的时候觉得很好。
　　　　　　　　b.　住兩天覺得還可以。　　　　b.　住两天觉得还可以。
　　　　　　　　c.　一住就很想走。　　　　　　c.　一住就很想走。

　　c　　4.　　他**居然對美國歷史一點兒也不懂**。他**居然对美国历史一点儿也不懂**。
　　　　　　　　a.　我早就知道他不懂美國歷史。a.　我早就知道他不懂美国历史。
　　　　　　　　b.　我哪知道他只懂一點兒美國　b.　我哪知道他只懂一点儿美国
　　　　　　　　　　歷史。　　　　　　　　　　　历史。
　　　　　　　　c.　我以為他懂美國歷史，沒想　c.　我以为他懂美国历史，没想
　　　　　　　　　　到他不懂。　　　　　　　　　到他不懂。

　　b　　5.　　這個學校**各方面都不錯**。　这个学校**各方面都不错**。
　　　　　　　　a.　各個地方都很舒服。　　　　a.　各个地方都很舒服。
　　　　　　　　b.　什麼都好。　　　　　　　　b.　什么都好。
　　　　　　　　c.　只有老師和教材好。　　　　c.　只有老师和教材好。

C. Solve the riddle (謎語 míyǔ).

　　＿＿　1.　　有臉無wú 'no, without'口，　　　有脸无口，
　　　　　　　　有腳無手，　　　　　　　　　　有脚无手，
　　　　　　　　聽人說話，　　　　　　　　　　听人说话，
　　　　　　　　看人喝酒。　　　　　　　　　　看人喝酒。
　　　　　　　　a.沙發　　　　　c.桌子　　　　a.沙发　　　　　c.桌子

| | b. 地毯 | d. 書架 | b. 地毯 | d. 书架 |

____ 2. 你熱它就冷， 你热它就冷，
你乾它就濕shī 'wet'， 你干它就湿，
夏天很有用， 夏天很有用，
冬天卻沒用。 冬天却没用。

| a. 椅子 | c. 床 | a. 椅子 | c. 床 |
| b. 空調 | d. 書桌 | b. 空调 | d. 书桌 |

D. Word search: find five names of things that you study.

教	沙	發	等	歷	史
材	交	課	本	套	句
乾	淨	子	過	去	型
生	詞	系	各	卻	整
調	疼	管	閑	事	齊

教	沙	发	等	历	史
材	交	课	本	套	句
干	净	子	过	去	型
生	词	系	各	却	整
调	疼	管	闲	事	齐

Word 1: _____   Word 4: _____

Word 2: _____   Word 5: _____

Word 3: _____

II. Grammar

Answer the following questions using the patterns provided.

1. Expressing invariability

無論/不管A還是B, S都（不/沒）	wúlùn/bùguǎn…	No matter
A not A	háishì…, …dōu	how/what/why/when…,
QW…	(bù/méi)	

1. 你今天沒準備，別去上中文課了。　你今天没准备，别去上中文课了。

_____

2.　你什麼時候可以給朋友發電子郵　你什么时候可以给朋友发电子邮
　　件？　　　　　　　　　　　　　件?

_____

③　他喜歡看中國電影還是美國電影？　他喜欢看中国电影还是美国电影?

_____

4.　你喜歡東部還是西部的學校？　　你喜欢东部还是西部的学校?

_____

5.　他沒有錢，你別跟他結婚。　　　他没有钱，你别跟他结婚。

_____

6.　我什麼時候可以來看你？　　　　我什么时候可以来看你?

_____

2.　Expressing a remarkable extent or degree

…甚至還有N	…shènzhì hái yǒu…	…even has N…
…甚至還要V	…shènzhì hái yào…	…even needs to V…
…甚至(連)NP 都V	…shènzhì (lián)…dōu…	…even …

1.　你的房間舒服嗎？　　　　　　　你的房间舒服吗?

_____

2.　你這個學期忙不忙？　　　　　　你这个学期忙不忙?

_____

3.　你爲什麼説他很愛管閒事？　　　你为什么说他很爱管闲事?

_____

3. Making an argument with a concessive clause

雖然S…(但是/可是)(S)卻	suīrán…(dànshì/kěshì)…què	Although…. , …yet
S雖然…(但是/可是)(S)卻		

1. 你不是想去中國留學嗎？爲什麼　　　你不是想去中国留学吗？为什么
   不申請學校呢？　　　　　　　　　不申请学校呢？

   _____

2. 這兒的房租fángzū 'rent' 很便宜，爲　　这儿的房租很便宜，为什么不住
   什麼不住這兒呢？　　　　　　　　这儿呢？

   _____

3. 你爲什麼不買那件衣服呢？　　　　你为什么不买那件衣服呢？

   _____

4. Indicating a period of time from past to present

這time span(以)來	zhè…(yǐ)lái	over the past (days/months, etc.)

1. 爲什麼你這兩個星期都沒交功課？　为什么你这两个星期都没交功课？

   _____

2. 你開學這一個月來做了什麼？　　　你开学这一个月来做了什么？

   _____

3. 爲什麼你不喜歡你的同屋？　　　　为什么你不喜欢你的同屋？
   ［tóng wū］

   _____

5. Indicating something contrary to expectation or common sense

(S₁) (沒想到) S₂居然	… (méi xiǎngdào)… jūrán…	Surprisingly S₂…

1. 上了大學以後，你覺得什麼事情　　上了大学以后，你觉得什么事情
   很奇怪？　　　　　　　　　　　　很奇怪？

2.　來這兒以後，你覺得什麼很有趣？　来这儿以，你觉得什么很有趣？

3.　他不是天天都來上課嗎？　　　　他不是天天都来上课吗？

6. Expressing relevancy

A跟B（沒）有關係	gēn…(méi)yǒu guānxi	A is (not) related to B
A跟B 有一點兒關係	gēn…yǒu yìdiǎnr guānxi	A is somewhat related to B
A跟B 沒有什麼關係	gēn…méiyǒu shénme guānxi	A is not really related to B
A跟B一點兒關係也沒有	gēn…yìdiǎnr guānxi yě méi yǒu	A is not related to B at all

1.　你的專業是文學，爲什麼選電影　你的专业是文学，为什么选电影
　　課呢？　　　　　　　　　　　　课呢？

2.　醫生，我爲什麼整天頭疼？　　　医生，我为什么整天头疼？

3.　爲什麼你不太適應這兒的生活？　为什么你不太适应这儿的生活？

 III. Listening

Listen to each passage and answer the following questions.
Part 1 ___ 1.　The speaker…
　　　　　　　a.　has never sat on this kind of sofa in his whole life.
　　　　　　　b.　has been sitting on this sofa for the last few months.
　　　　　　　c.　has sat on chairs that are much less comfortable.
　　　　　　　d.　has had no chair to sit on for the past two months.

Part 2 ___ 2.　In the speaker's view,
　　　　　　　a.　this place is too small to have anything more than a bed.

      b. there shouldn't be a sofa in the room.

      c. although this place is small, it can hold a bed, a chair, a desk, and a bookcase.

      d. because this place is too small, one cannot put in a bookcase.

Part 3 ＿＿ 3. The history department…

      a. has many Chinese students.

      b. will hold many activities in the next two weeks.

      c. has held many activities during the last two weeks.

      d. required the speaker to teach Chinese.

＿＿ 4. The speaker…

      a. will participate in all the activities in order to make friends.

      b. participated in all the activities and thus made a few friends.

      c. may participate in some activities so that he can make friends with Chinese.

      d. participated in only a few activities but made many friends who were also interested in Chinese.

Part 4 ＿＿ 5. The man…

      a. has some classes in the morning and some in the afternoon.

      b. will practice reading and writing after 3:30 every afternoon.

      c. has all of his classes in the morning.

      d. will take a nap around 3:30 every afternoon.

＿＿ 6. The man…

      a. always goes to some extracurricular activities after dinner.

      b. always reviews or previews texts in his room in the evening.

      c. always goes to the library to review vocabulary and patterns.

      d. always reviews or previews texts after dinner.

Part 5 ＿＿ 7. The man…

      a. does not like his roommate because he is too messy.

      b. likes his roommate because he is very clean.

      c. does not like his roommate because he is over-curious.

      d. likes his roommate very much because he has curiosity and great imagination.

＿＿ 8. Judging from the conversation, one can tell that the woman…

      a. is sympathetic with the man.

      b. is irritated by the man.

      c. is interested in finding a roommate.

      d. is mad at the man.

IV. Speaking

A. Talk about yourself
Use the following questions as cues.

1. 你喜歡你的學校嗎？尤其喜歡什麼？

    你喜欢你的学校吗？尤其喜欢什么？

2. 你每天上午、中午、下午、晚上都做些什麼？

    你每天上午、中午、下午、晚上都做些什么？

3. 你現在住在哪兒？那個地方怎麼樣？屋子有些什麼東西？

    你现在住在哪儿？那个地方怎麽样？屋子里有些什么东西？

4. 你愛乾淨、愛整齊嗎？屋子有很多東西嗎？你總是把用過的東西放好還是丟掉diūdiào 'to throw away'？爲什麼？

    你爱干净、爱整齐吗？屋子里有很多东西吗？你总是把用过的东西放好还是丢掉？为什么？

5. 你和別人一起住過嗎？你的同屋是個怎麼樣的人？你喜歡他/她嗎？以後還想和人一起住嗎？

    你和别人一起住过吗？你的同屋是个怎么样的人？你喜欢他/她吗？以后还想和人一起住吗？

6. 如果別人問了你一些不應該問的問題，你會怎麼辦？

    如果别人问了你一些不应该问的问题，你会怎么办？

B. To move out or not?
You just found a roommate for your two bed room apartment, but realize that you two simply can't get along. Now you complain to the roommate about his/her annoying habits. The roommate will explain his/her actions and apologize. Then decide whether you want him/her to move out or not. Role-play with the following cues.

你	你的同屋
1. 早睡早起	晚睡晚起
早睡早起	晚睡晚起
2. 不吃肉、不抽煙	喜歡吃肉、喜歡抽煙
不吃肉、不抽烟	喜欢吃肉、喜欢抽烟
3. 喜歡古典音樂、受不了大聲的音樂	喜歡搖滾樂、喜歡把音樂開得很大聲

喜欢古典音乐、受不了大声的音乐	喜欢摇滚乐、喜欢把音乐开得很大声

4. 愛乾淨、愛整齊、常常把不用的東西丟掉diūdiào 'to throw away'　　　不喜歡打掃、什么東西都不丟

愛干净、爱整齐、常常把不用的东西丢掉　　　不喜欢打扫、什么东西都不丢

5. 常常要打電腦　　　　　　常常用電話和男朋友聊天
常常要打电脑　　　　　　常常用电话和男朋友聊天

6. 怕熱、整天開空調　　　　怕冷、不喜歡開空調
怕热、整天开空调　　　　怕冷、不喜欢开空调

C. A dream place

You tried living in a dorm and in an apartment, but both have their problems. If there is no financial or technical limit on the amenities you could have, what would your place/room/house be like? Describe in detail your dream place. You may need to use additional vocabulary from the following:

cellular phone	shǒujī	手機	手机
curtain	chuānglián	窗簾	窗帘
dishwasher	xǐwǎnjī	洗碗機	洗碗机
double bed	shuāngrénchuáng	雙人床	双人床
dresser	yīguì	衣櫃	衣柜
electric blanket	diàntǎn	電毯	电毯
electric lamp	diàndēng	電燈	电灯
radio	shōuyīnjī	收音機	收音机
refrigerator	bīngxiāng	冰箱	冰箱
rocking chair	yáoyǐ	搖椅	摇椅
stereo	yīnxiǎng	音響	音响
washing machine	xǐyījī	洗衣機	洗衣机
window	chuānghù	窗戶	窗户

V. Reading

A. Reading a text

Check your comprehension of the lesson text by deciding which statement is correct.

_____ 1. 小高在北京，_____。

a. 三個多星期了。

b. 各方面都不太適應。

c. 住得很好。

小高在北京，_____。

a. 三个多星期了。

b. 各方面都不太适应。

c. 住得很好。

_____ 2. 小高的_____。

a. 老師不讓他們參加課外活動。

b. 教材又有用又有趣。

c. 中文，聽說讀寫都進步了。

小高的_____。

a. 老师不让他们参加课外活动。

b. 教材又有用又有趣。

c. 中文，听说读写都进步了。

_____ 3. 小高的屋子_____。

a. 有床、桌子、椅子，甚至還有空調。

b. 除了地毯以外，什麼都有。

c. 雖然沒有地毯和空調，但是很舒服。

小高的屋子_____。

a. 有床、桌子、椅子，甚至还有空调。

b. 除了地毯以外，什么都有。

c. 虽然没有地毯和空调，但是很舒服。

_____ 4. 小高的同屋_____。

a. 太好奇、太愛管閑事了。

b. 不太愛乾淨，東西也不放好。

c. 是個中文系的學生，但是對歷史很感興趣。

小高的同屋_____。

a. 太好奇、太爱管闲事了。

b. 不太爱干净，东西也不放好。

c. 是个中文系的学生，但是对历史很感兴趣。

_____ 5. 小高覺得他的同屋不應該____。

a. 問他中文課的内容。

b. 問他一個月賺多少錢。

c. 問他美國的歷史。

小高觉得他的同屋不应该____。

a. 问他中文课的内容。

b. 问他一个月赚多少钱。

c. 问他美国的历史。

B. Reading a journal

Read the journal passage below and answer the following questions.

小高同屋的日記

九月十五日 星期六 陰 yīn 'cloudy'

　　上個月，系裏的老師問我要不

要跟外國留學生一起住。原來學校

小高同屋的日记

九月十五日 星期六 阴

　　上个月，系里的老师问我要不

要跟外国留学生一起住。原来学校

打算讓中國同學和老外合住，用新的法子幫助外國人學中文。因爲我平常的成績chéngjī 很好，所以讓我先申請。

這麼好的事怎麼不要？聽説留學生宿舍兩個人住一間，比我們原來八個人一間的屋子舒服多了。裏面不但有床、桌子、椅子，還有自己的書架、沙發，又漂亮又舒服。學了這麼多年的英文，從來都沒機會用。交個美國朋友，練練英文也好，而且多了解外國的情況，以後可能還有機會到美國留學呢！

誰知道和老外同屋，比我原來想像的麻煩多了！這個小高，人好是好，可是常常讓我搞不懂他在想什麼。要不是我今天偷tōu 'secretly' 看了他的日記，我還不知道他不喜歡我問他問題呢！（我知道我不應該看他的日記，但是誰讓他把日記本放在桌上呢？）

他以爲我喜歡管他的閑事，其實我只是關心guānxīn他，想和他做朋友。沒錯，他在美國的生活跟我沒有什麼關係，但是好朋友有什麼問

打算让中国同学和老外合住，用新的法子帮助外国人学中文。因为我平常的成绩很好，所以让我先申请。

这么好的事怎么不要？听说留学生宿舍两个人住一间，比我们原来八个人一间的屋子舒服多了。里面不但有床、桌子、椅子，还有自己的书架、沙发，又漂亮又舒服。学了这么多年的英文，从来都没机会用。交个美国朋友，练练英文也好，而且多了解外国的情况，以后可能还有机会到美国留学呢！

谁知道和老外同屋，比我原来想象的麻烦多了！这个小高，人好是好，可是常常让我搞不懂他在想什么。要不是我今天偷看了他的日记，我还不知道他不喜欢我问他问题呢！（我知道我不应该看他的日记，但是谁让他把日记本放在桌上呢？）

他以为我喜欢管他的闲事，其实我只是关心他，想和他做朋友。没错，他在美国的生活跟我没有什么关系，但是好朋友有什么问

題不能問的？而且我怎麼知道什麼
問題可以問，什麼問題不能問。和
老外同屋眞不容易！

能问的？而且我怎么知道什么问题
可以问，什么问题不能问。和老外
同屋真不容易！

___ 1. 小高的同屋以前_____。
   a. 和外國人住過。
   b. 在系裏的成績很好。
   c. 教過外國人中文。

小高的同屋以前_____。
   a. 和外国人住过。
   b. 在系里的成绩很好。
   c. 教过外国人中文。

___ 2. 小高的同屋很想和外國人住因爲
   _____。
   a. 留學生宿舍比中國學生的宿
      舍舒服多了。
   b. 可以和外國人練習英文。
   c. 上面都對。

小高的同屋很想和外国人住因为
   _____。
   a. 留学生宿舍比中国学生的宿
      舍舒服多了。
   b. 可以和外国人练习英文。
   c. 上面都对。

___ 3. 小高的同屋覺得_____。
   a. 和老外一起住很有意思。
   b. 很難了解小高在想什麼。
   c. 小高這個人不太好、不夠朋
      友。

小高的同屋觉得_____。
   a. 和老外一起住很有意思。
   b. 很难了解小高在想什么。
   c. 小高这个人不太好、不够朋
      友。

___ 4. 小高的同屋_____。
   a. 知道小高不喜歡別人問他問
      題。
   b. 常常偷看小高的日記。
   c. 是個很好奇的人。

小高的同屋_____。
   a. 知道小高不喜欢别人问他问
      题。
   b. 常常偷看小高的日记。
   c. 是个很好奇的人。

___ 5. 小高的同屋覺得_____。
   a. 只要是好朋友，無論什麼問
      題都能問。
   b. 自己問了小高太多不應該問
      的問題。
   c. 和老外交朋友不是那麼難。

小高的同屋觉得_____。
   a. 只要是好朋友，无论什么问
      题都能问。
   b. 自己问了小高太多不应该问
      的问题。
   c. 和老外交朋友不是那么难。

___　6.　關心 guànxìn 的意思是＿＿＿。　　　关心的意思是＿＿＿。

    a.　麻煩　　　　　　　　　　　　a.　麻烦

    b.　相信　　　　　　　　　　　　b.　相信

    c.　把（人、事）放在心上　　　c.　把（人、事）放在心上

C.　Reading authentic material

1.　Read the advertisement on the right and answer the following questions.

  ___a.　The place for rent is (1) on the second floor (2) good for students (3) on the first floor.

  ___b.　This place has (1) two bedrooms (2) a huge living room (3) a small dining room.

  ___c.　This place has (1) wall-to-wall carpet (2) no air-conditioning (3) brand-new carpet.

一樓出租

三睡房大客飯廳環境好
有中央冷暖氣全新地毯
冰霜爐頭近北華埠交通
方便適合家庭式意者請
晚洽劉電話
773-561-7254

2.　Read the advertisement on the right and answer the following questions.

  ___a.　This ad is to (1) look for a partner (2) look for a roommate (3) look for a friend.

  ___b.　The place described has (1) two bedrooms (2) cable in only one room (3) no furniture.

  ___c.　This place (1) has central heating but no air-conditioning (2) is located in a busy neighborhood (3) is quiet.

  ___d.　Those who are interested in this ad (1) should call in the evening (2) are probably students (3) are probably families.

找房友

北 TOWN 兩單人小卧房，
房內各自有免費 CABLE，包
中央冷暖，免費用洗衣房，傢
俱具備，地方安靜，無雜人進
出，適合學生電
773-274-4358早9:30前王洽

3. Read the advertisement below and answer the following questions.

___a. This company sells (1) used furniture (2) carpet (3) cellular phones.

___b. If one wants to buy their product, one can go (1) on Sunday morning (2) on Saturday evening (3) any day of the week.

___c. The product is guaranteed for (1) 90 days (2) 5-10 years (3) 6 months.

楊子地毯公司

Y. Z. CARPET DIST

新地址：3435 S. HALSTED ST. CHICAGO, IL 60608

電話：773-927-8300 電傳：773-927-8020

六天營業　星期日休息

●90天無利息貸款

誠信第一
價錢第一

●以批發價為用戶服務，實行批發價的比價銷售

0844 ●地毯質量保證 5-10 年　　●安裝質量保修一年

VI. Writing

A. Complete the following dialogue between you and your roommate. You two are having an argument.

你：　你能不能把音樂開小聲一點兒？　　你能不能把音乐开小声一点儿？

同屋：_____

你：　我一聽到你唱歌，我的頭就疼。　　我一听到你唱歌，我的头就疼。

同屋：_____

你：　什麼？我沒把書放好？你的衣服　　什么？我没把书放好？你的衣服
　　　東一件、西一件都在地上。　　　　东一件、西一件都在地上。

同屋：_____

你：　客廳的地毯不乾淨嗎？我昨天才　　客厅的地毯不干净吗？我昨天才

	吸xī 'to vacuum' 過！	吸过！
同屋：	＿＿＿＿＿＿＿＿＿＿＿＿＿＿＿＿	
你：	你別跟那個念歷史的在一起。	你别跟那个念历史的在一起。
同屋：	＿＿＿＿＿＿＿＿＿＿＿＿＿＿＿＿	
你：	可是你整天和他講電話，我都沒法用電腦給朋友發電子郵件！	可是你整天和他讲电话，我都没法用电脑给朋友发电子邮件！
同屋：	＿＿＿＿＿＿＿＿＿＿＿＿＿＿＿＿	
你：	你真不講道理！	你真不讲道理！
同屋：	＿＿＿＿＿＿＿＿＿＿＿＿＿＿＿＿	

B. Write an e-mail message to your parents telling them what you do every day at school or about a typical day in your life.

C. Write an essay using the sheet provided about someone or something you can't stand 〈我受不了他/她/它〉. Be sure to include new words and patterns.

第三課 誰說美國的月亮更圓？

I. Vocabulary & Characters

A. Choose the right answer to complete each sentence.

___ 1. 中秋節的時候，你吃_____。　　　　中秋节的时候，你吃_____。
  a.　月亮 c.　月餅   a.　月亮 ⓒ　月饼
  b.　月球 d　上面都對 b.　月球 d　上面都对

___ 2. 你看到人都不說「早」，實在很　　你看到人都不说"早"，实在很
  _____。   _____。
  a.　沒意思 c.　親切 a.　没意思 c.　亲切
  b.　客氣 d.　沒禮貌 b.　客气 ⓓ　没礼貌

___ 3. 你_____他了，他不是要管你的　你_____他了，他不是要管你的
  閒事。   闲事。
  a.　關心 c.　了解 a.　关心 c.　了解
  b.　誤會 d.　相信 ⓑ　误会 d.　相信

___ 4. 他一直讓我_____，所以我很　他一直让我_____，所以我很
  快就醉了。   快就醉了。
  a.　乾杯 c.　複習 ⓐ　干杯 c.　复习
  b.　慶祝 d.　頭疼 b.　庆祝 d.　头疼

___ 5. 他對月球很感興趣，希望以後能　他对月球很感兴趣，希望以后能
  做_____。   做_____。
  a.　老外 c.　太空人 a.　老外 ⓒ　太空人
  b.　美人 d.　同屋 b.　美人 d.　同屋

B. Choose the answer that paraphrases the phrase in bold.

___ 1. **說故事對她來說，是家常便飯。**　**说故事对她来说，是家常便饭。**
  a.　她說故事跟做飯都不錯。 a.　她说故事跟做饭都不错。
  b.　她很會說故事。   ⓑ　她很会说故事。
  c.　她既會說故事，又會做飯。 c.　她既会说故事，又会做饭。

d.　她對説故事更感興趣。　　　　d.　她对说故事更感兴趣。

___　2.　我這個星期有三個考試，**實在忙**　我这个星期有三个考试，**实在忙**
　　　　不過來。　　　　　　　　　　**不过来。**
　　　　a.　沒辦法過來。　　　　　　　a.　没办法过来。
　　　　b.　幾乎快醉了。　　　　　　　b.　几乎快醉了。
　　　　c.　眞的忙得要命。　　　　　　ⓒ　真的忙得要命。
　　　　d.　根本不能出去。　　　　　　d.　根本不能出去。

___　3.　我**哪兒**有工夫管你的**閑事**？　我**哪儿**有工夫管你的**闲事**？
　　　　a.　沒有辦法關心你。　　　　　a.　没有办法关心你。
　　　　b.　沒有意思要麻煩你。　　　　b.　没有意思要麻烦你。
　　　　c.　一有空兒就來找你。　　　　c.　一有空儿就来找你。
　　　　d.　只有時間忙自己的事。　　　ⓓ　只有时间忙自己的事。

___　4.　**我去他那兒一看，才知道他住的**　**我去他那儿一看，才知道他住的**
　　　　地方根本不大。　　　　　　**地方根本不大。**
　　　　a.　我以前不知道他家很小。　　ⓐ　我以前不知道他家很小。
　　　　b.　他家看起來並不小。　　　　b.　他家看起来并不小。
　　　　c.　我沒想到他家這麼大。　　　c.　我没想到他家这么大。
　　　　d.　我住了以後，就知道他家　　d.　我住了以后，就知道他家
　　　　　　大極了。　　　　　　　　　　大极了。

C.　Choose the appropriate words to complete the following paragraph.

| a. 家常菜 | b. 寂寞 | c. 熱情 热情 | d. 要命 | e. 關心 关心 | f. 根本 | g. 想家 | h. 愉快 |

　　　一年前我來這兒上大學。雖然　　　　一年前我来这儿上大学。虽然
我已經住了一年了，但是還不大適　　我已经住了一年了，但是还不大适
應這兒的生活。我平常忙得　　　　　应这儿的生活。我平常忙得
_____₁，_____₂沒時間玩。週末　　<u>要命</u>₁，<u>根本</u>₂没时间玩。周末
的時候一個人特別_____₃，就很　　的时候一个人特别<u>想家</u>₃，就很
_____₄，想回去看我的家人。好在　　<u>寂寞</u>₄，想回去看我的家人。好在

我有一個好朋友，她很 <u>关心</u>₅我，
常常叫我去她家玩，吃她媽媽做的
<u>家常菜</u>₆。她的父母對我很
<u>熱情</u>₇，總是讓我覺得很<u>愉快</u>₈。
因爲他們，我在這兒的生活才有一
點兒意思。

我有一个好朋友，她很＿＿＿₅我，
常常叫我去她家玩，吃她妈妈做的
＿＿＿₆。她的父母对我很
＿＿＿₇，总是让我觉得很＿＿＿₈。
因为他们，我在这儿的生活才有一
点儿意思。

D.　Choose the right character to complete each sentence.

___　1.　她看起来不太自＿＿＿，好像有
些話不敢说。
　　　她看起来不太自＿＿＿，好象有
些话不敢说。
a. 熱　　c. 然　　　a. 热　　c. 然
b. 熟　　d. 無　　　b. 熟　　d. 无

___　2.　那個留學生很長時間沒回國，
所以不了＿＿＿國内的情況。
　　　那个留学生很长时间没回国，
所以不了＿＿＿国内的情况。
a. 接　　c. 結　　　a. 接　　c. 结
b. 節　　d. 解　　　b. 节　　d. 解

___　3.　他＿＿＿本不喜歡吃月餅。
　　　他＿＿＿本不喜欢吃月饼。
a. 跟　　c. 很　　　a. 跟　　c. 很
b. 根　　d. 眼　　　b. 根　　d. 眼

___　4.　今天晚上的月亮很＿＿，美極了。
　　　今天晚上的月亮很＿＿，美极了。
a. 員　　c. 圓　　　a. 员　　c. 圆
b. 原　　d. 元　　　b. 原　　d. 元

___　5.　這有很多關於月亮的＿＿＿说。
　　　这里有很多关于月亮的＿＿＿说。
a. 傳　　c. 轉　　　a. 传　　c. 转
b. 專　　d. 穿　　　b. 专　　d. 穿

___　6.　跟你想的相反，這兒＿＿＿不
冷、也不熱。
　　　跟你想的相反，这儿＿＿＿不
冷、也不热。
a. 幾　　c. 既　　　a. 几　　c. 既
b. 記　　d. 極　　　b. 记　　d. 极

II. Grammar

Answer the following questions using the patterns provided.

1. Highlighting someone's point of view or an area of concern

對sb.來說	duì…láishuō	as for, as to…

1. 你覺得這個學校的圖書館好嗎？　你觉得这个学校的图书馆好吗？

   對我來說这个学校的图书馆很好。

2. 你覺得這兒的人熱情嗎？　你觉得这儿的人热情吗？

   對我來說这兒的人不热情。

3. 你爲什麼不去中國留學呢？　你为什么不去中国留学呢？

   對我來說中國沒有意思。

2. Making a contrary reply

S 並不/並沒(有) V	…bìngbù/bìngméi(yǒu)…	don't (emphatic); actually not

1. 他在美國做事做了很多年，一定　他在美国做事做了很多年，一定
   很有錢吧？　　　　　　　　　很有钱吧？

   他並不一定很有錢。

2. 美國人都會開車吧？　美国人都会开车吧？

   並不是美国人都會开車。

3. 你愛吃中國飯，一定也很會作菜　你爱吃中国饭，一定也很会作菜
   吧？　　　　　　　　　　　吧？

   我並不一定会作菜。

3. Expressing contemporaneous qualities or situations

S 既…也…	jì…yě…	not only…but also…;
S 既…又…	jì…yòu…	both…and…

1. 他是學生還是老師？　　　　　他是学生还是老师？

我既是学生也是老師。

2. 你爲什麼不喜歡你的同屋？　　你为什么不喜欢你的同屋？

我不喜欢我的同屋因为他既不客气也没礼貌兒。

3. 你見過她的男朋友嗎？人怎麼樣？　你见过她的男朋友吗？人怎么样？

他的男朋友既不 shuai 也不 cōng míng。

4. Emphasizing a negation

S 根本(就)不/沒⋯　　gēnběn (jiù) bù/méi…　simply not…; not… at all

1. 你爲什麼不給爸爸媽媽寫信？　　你为什么不给爸爸妈妈写信？

我爸爸媽媽根本不关心我。

2. 你爲什麼不請他來家裏吃飯？　　你为什么不请他来家里吃饭？

我根本就不喜欢他。

3. 那部法國電影怎麼樣？　　　　那部法国电影怎么样？

那部法国電影根本就不好看

5. Expressing negation through a rhetorical question

(S) 哪兒/哪裏⋯（呢）？　　nǎr/nǎli…(ne)?	How can it be the case that…? S surely doesn't….

1. 你從洛杉磯Luòshānjī 'Los Angeles' 來，一定看過很多明星吧！　　你从洛杉矶来，一定看过很多明星吧！

_____

2. 你給我們説一下你宿舍裏好玩的事情吧！　　你给我们说一下你宿舍里好玩的事情吧！

_____

3. 你爲什麼不買機票，回家看看你   你为什么不买机票，回家看看你
    的父母？   的父母？

---

6.   Focusing on a specific aspect

S V 關於…的N	…guānyú…de…	…about N
S是關於…的	…shì guānyú…de	concerning, in regard to...
關於…，S…	guānyú…，…	Regarding..., S

1. 美國有些什麼傳說？   美国有些什么传说？

    美國有很多关於历史的传说

2. 你上次看的電影是關於什麼的？   你上次看的电影是关于什么的？

    我上次看的电影是关于美国。

3. 我的朋友想來美國旅行，你覺得   我的朋友想来美国旅行，你觉得
    她應該去哪些地方呢？   她应该去哪些地方呢？

    我觉的他应该去关于历史的地方。

III. Listening

Listen to each passage and answer the following questions.

Part 1 ____ 1.   The speaker …
              a. doesn't know many legends about the moon.
              b. thinks the stories about the moon are very beautiful.
              c. likes the moon observed by U.S. astronauts.
              d. none of the above

Part 2 ____ 2.   The speaker thinks life here
              a. is just what Xiao Li told him it would be.
              b. is very boring.
              c. is very interesting.
              d. is not as good as that described by Xiao Li.

Part 3 ___ 3. The man is
    a. making an invitation.
    b. making an apology.
    c. making an excuse.
    d. ordering dinner.

___ 4. The woman thinks that
    a. one should find time to do one's business.
    b. one shouldn't be too polite.
    c. one should feel embarrassed if one gives others too much trouble.
    d. all of the above

Part 4 ___ 5. The woman
    a. didn't buy moon cakes as a gift because she wasn't sure if they're good.
    b. bought the moon cakes on her way to the host's place.
    c. was sure the moon cakes taste great.
    d. sounds too arrogant.

___ 6. Judging from Chinese customs, we know that the host
    a. doesn't like the gift at all.
    b. thinks the gift is too cheap.
    c. thinks that it's not polite if they accept it right away.
    d. wishes she had brought something else.

Part 5 ___ 7. The woman
    a. recognizes the man right away.
    b. knew the man because he was her roommate's boyfriend.
    c. has been writing a book on Chinese history.
    d. shares the same interest with the man.

___ 8. The man
    a. has been very busy after graduation.
    b. knew the woman because they were classmates at Beijing University.
    c. is looking forward to reading the woman's book.
    d. is looking forward to his own future.

IV. Speaking

A. Talk about yourself
   Use the following questions as cues.

   1. 你現在生活得怎麼樣？忙不忙？ 你现在生活得怎么样？忙不忙？

多忙？有什麼感覺？　　　　多忙？有什么感觉？

2. 你過中秋節嗎？是怎麼過中秋節　你过中秋节吗？是怎么过中秋节
的？　　　　　　　　　　　的？

3. 在你的國家，你們慶祝別的節日　在你的国家，你们庆祝别的节日
嗎？過節的時候，你們常做什　吗？过节的时候，你们常做什
麼？　　　　　　　　　　　么？

4. 你常去朋友家玩嗎？你帶不帶禮　你常去朋友家玩吗？你带不带礼
物？朋友生日、生病、結婚的時　物？朋友生日、生病、结婚的时
候，你送他們什麼禮物？　　　候，你送他们什么礼物？

5. 你常請朋友來家裏玩嗎？你們做　你常请朋友来家里玩吗？你们做
不做飯？做什麼飯？主人和客人　不做饭？做什么饭？主人和客人
還會做什麼？　　　　　　　还会做什么？

6. 請你說一個關於月亮的傳說。　　请你说一个关于月亮的传说。

B. The best party
Using the following cues, talk about the best party you have been to.

1. 去哪兒做客？　　　　　　　去哪儿做客？

2. 慶祝什麼？　　　　　　　　庆祝什么？

3. 帶了什麼東西去？　　　　　带了什么东西去？

4. 什麼時候到？什麼時候走？　　什么时候到？什么时候走？

5. 吃了什麼？喝了什麼？　　　吃了什么？喝了什么？

6. 見到什麼有趣的人？　　　　见到什么有趣的人？

7. 聽到什麼有趣的消息？　　　听到什么有趣的消息？

8. 感覺怎麼樣？　　　　　　　感觉怎么样？

C. A good host
A friend of yours has come to visit you for the first time. Show him/her around your
house/apartment; ask him/her to stay for dinner, etc.

V. Reading

A. Reading a text

Check your comprehension of the lesson text by deciding which statement is correct.

_a_　1. 李明想，_____。　　李明想，_____。
　　　a. 小高不太了解他的同屋。　　a. 小高不太了解他的同屋。
　　　b. 小高的同屋很沒禮貌。　　　b. 小高的同屋很没礼貌。
　　　c. 小高的同屋太愛管閒事。　　c. 小高的同屋太爱管闲事。
　　　d. 小高應該跟他的同屋説對不　　d. 小高应该跟他的同屋说对不
　　　　　起。　　　　　　　　　　　　　起。

_c_　2. 李明覺得_____。　　　　李明觉得_____。
　　　a. 美國人不太親切。　　　　a. 美国人不太亲切。
　　　b. 很多美國人只管自己的事。　b. 很多美国人只管自己的事。
　　　c. 美國的生活很寂寞。　　　c. 美国的生活很寂寞。
　　　d. 上面都對。　　　　　　　d. 上面都对。

_a_　3. 中秋節到了，_____。　　中秋节到了，_____。
　　　ⓐ. 小李要想辦法慶祝這個節日。a. 小李要想办法庆祝这个节日。
　　　b. 小李很想回家過節。　　　b. 小李很想回家过节。
　　　c. 小李正好有時間出去玩。　c. 小李正好有时间出去玩。
　　　d. 小李並不想過節。　　　　d. 小李并不想过节。

_c_　4. 小高昨晚在小李家_____。　小高昨晚在小李家_____。
　　　a. 過年。　　　　　　　　　a. 过年。
　　　b. 吃了很多家常菜。　　　　b. 吃了很多家常菜。
　　　ⓒ. 喝醉了。　　　　　　　　c. 喝醉了。
　　　d. 居然沒吃到月餅。　　　　d. 居然没吃到月饼。

_d_　5. 下面哪個對？　　　　　　下面哪个对？
　　　a. 小李覺得中國的月亮不圓。　a. 小李觉得中国的月亮不圆。
　　　b. 小高覺得中國的月亮更圓。　b. 小高觉得中国的月亮更圆。
　　　c. 小李覺得美國的月亮更圓。　c. 小李觉得美国的月亮更圆。
　　　d. 小高覺得不管是中國還是美　d. 小高觉得不管是中国还是美
　　　　　國，月亮都一樣圓。　　　　国，月亮都一样圆。

B. Reading a journal

Read the journal passage below and answer the following questions.

王華的日記

九月二十日　星期四　雨 yǔ 'rainy'

　　昨天在學校，見到小李。他看起來累得要命，他說他功課太多，幾乎忙不過來。在這裏，誰不是這樣呢？整天不是寫報告，就是打電腦，要複習、預習、討論、研究的東西實在太多了。

　　我以前看過很多關於留學生活的書，沒想到今天自己也做了「留學生」！現在才了解美國生活有多忙。這兒不管早上、晚上都有課，甚至連中午吃飯的時間也有課。哪兒有人睡午覺？唯一可以輕鬆的活動，就是給朋友發發電子郵件！

　　不過忙是忙，中秋節還是要過的。媽媽給我寄來了一盒月餅。下次見到小李、美英，要找他們一起來慶祝一下。朋友就是要互相關心，要不然這兒的生活是夠寂寞的！

T/F　1.　王華覺得留學生的生活很寂寞。

T/F　2.　王華有空的時候，就看籃球比賽。

王华的日记

九月二十日　星期四　雨

　　昨天在学校，见到小李。他看起来累得要命，他说他功课太多，几乎忙不过来。在这里，谁不是这样呢？整天不是写报告，就是打电脑，要复习、预习、讨论、研究的东西实在太多了。

　　我以前看过很多关于留学生活的书，没想到今天自己也做了"留学生"！现在才了解美国生活有多忙。这儿不管早上、晚上都有课，甚至连中午吃饭的时间也有课。哪儿有人睡午觉？唯一可以轻松的活动，就是给朋友发发电子邮件！

　　不过忙是忙，中秋节还是要过的。妈妈给我寄来了一盒月饼。下次见到小李、美英，要找他们一起来庆祝一下。朋友就是要互相关心，要不然这儿的生活是够寂寞的！

王华觉得留学生的生活很寂寞。

王华有空的时候，就看篮球比赛。

T/F	3.	王華實在太忙了，所以沒辦法過中秋節。	王华实在太忙了，所以没办法过中秋节。
T/F	4.	王華很關心小李和美英。	王华很关心小李和美英。
T/F	5.	王華以前以爲美國人跟中國人一樣愛睡午覺。	王华以前以为美国人跟中国人一样爱睡午觉。
T/F	6.	王華買了一盒月餅來慶祝中秋節。	王华买了一盒月饼来庆祝中秋节。
T/F	7.	王華覺得吃飯的時間不應該上課。	王华觉得吃饭的时间不应该上课。

C. Reading a story

Read the following Chinese legend about the moon and indicate whether the statements below are true or false.

嫦娥[1]奔[2]月
Cháng'é bēn yuè

傳說，從前天上有十個太陽[3]，熱得讓人受不了。有個名叫羿[4]的人，把九個太陽射下來[5]了，人們非常感謝[6]他。他也覺得自己很了不起[7]，應該永遠[8]活著，所以叫人去找了一些長生不老[9]的藥[10]。

羿的妻子[11]嫦娥是個美麗、好奇的女人。她問羿：「這是什麼藥？」羿說：「這藥如果分[12]兩次吃，就能長生不老；要是一次吃下去，就會飛到天上去。」後來羿越來越驕傲[13]，對人越來越不好。一天晚上，嫦娥等羿睡熟了，就起來偷[14]吃那長生

嫦娥[1]奔[2]月
Cháng'é bēn yuè

传说，从前天上有十个太阳[3]，热得让人受不了。有个名叫羿[4]的人，把九个太阳射下来[5]了，人们非常感谢[6]他。他也觉得自己很了不起[7]，应该永远[8]活着，所以叫人去找了一些长生不老[9]的药[10]。

羿的妻子[11]嫦娥是个美丽、好奇的女人。她问羿："这是什么药？"羿说："这药如果分[12]两次吃，就能长生不老；要是一次吃下去，就会飞到天上去。"后来羿越来越骄傲[13]，对人越来越不好。一天晚上，嫦娥等羿睡熟了，就起来偷[14]吃那长生

不老的藥。吃了一半不覺得怎麼樣，可是藥吃完的時候，她的身體就輕[15]得像紙[16]一樣，慢慢地飄[17]到天上去了。月亮上只有一棵桂樹[18]，和一隻白兔[19]，很寂寞，可是嫦娥怎麼也回不去了。

不老的药。吃了一半不觉得怎么样，可是药吃完的时候，她的身体就轻[15]得象纸[16]一样，慢慢地飘[17]到天上去了。月亮上只有一棵桂树[18]，和一只白兔[19]，很寂寞，可是嫦娥怎么也回不去了。

1.	嫦娥		Cháng'é	woman's name	11.	妻子		qīzi	wife
2.	奔		bēn	to go straight towards	12.	分		fēn	to divide
3.	太陽	太阳	tàiyáng	sun	13.	驕傲	骄傲	jiāo'ào	arrogant
4.	羿		Yì	name of a person	14.	偷		tōu	to steal
5.	射下來	射下来	shèxiàlái	to shoot sth. down	15.	輕	轻	qīng	light
6.	感謝	感谢	gǎnxiè	to thank	16.	紙	纸	zhǐ	paper
7.	了不起		liǎobuqǐ	terrific	17.	飄	飘	piāo	to float in the air
8.	永遠	永远	yǒngyuǎn	forever	18.	桂樹	桂树	guìshù	cassia bark tree
9.	長生不老	长生不老	chángshēng bùlǎo	long life	19.	白兔		báitù	rabbit
10.	藥	药	yào	medicine					

T/F　1.　羿很厲害，把十個太陽都射下來了。　　羿很厉害，把十个太阳都射下来了。

T/F　2.　人們很感謝羿，所以送了他一些長生不老的藥。　　人们很感谢羿，所以送了他一些长生不老的药。

T/F　3.　嫦娥吃了羿的藥，就飛到天上去了。　　嫦娥吃了羿的药，就飞到天上去了。

T/F　4.　傳說月亮上只有嫦娥和一棵樹。　　传说月亮上只有嫦娥和一棵树。

VI. Writing

A. Pick one holiday that you know of (e.g., Christmas, Valentine's Day) and write about how it is celebrated and any legends or stories related to it.

節日名字 节日名字		幾月幾號 几月几号	
怎麼慶 祝、過節 怎么庆 祝、过节			
有關的傳 說 有关的传 说			

B. Write a note to a friend thanking him/her for a meal. Use the text and the following information to help you.

1. Thank the person.

2. Say he/she cooks very well.

3. Talk about the various dishes she made (dumplings, seafood soup, etc.).

4. Say it was the first time you ever had…., and that you enjoyed it very much.

C. Write an essay on "When I'm homesick" 〈我想家的時候〉 using the sheet provided on the next page.

第四課 你週末在忙什麼？

I. Vocabulary & Characters

A. Choose the right word to answer each question.

____ 1. 什麼東西不能吃？   什么东西不能吃？
　　　a. 早點　　　　c. 瓜　　　　　a. 早点　　　　c. 瓜
　　　b. 牛肉麵　　　d. 沙發　　　　b. 牛肉面　　　d. 沙发

____ 2. 什麼不會叫？   什么不会叫？
　　　a. 鬧鐘　　　　c. 小販　　　　a. 闹钟　　　　c. 小贩
　　　b. 狗　　　　　d. 課本　　　　b. 狗　　　　　d. 课本

____ 3. 什麼能動？   什么能动？
　　　a. 自行車　　　c. 廣場　　　　a. 自行车　　　c. 广场
　　　b. 四合院　　　d. 胡同　　　　b. 四合院　　　d. 胡同

____ 4. 什麼對身體好？   什么对身体好？
　　　a. 氣功　　　　c. 水果　　　　a. 气功　　　　c. 水果
　　　b. 太極拳　　　d. 上面都對　　b. 太极拳　　　d. 上面都对

____ 5. 什麼地方學生最多？   什么地方学生最多？
　　　a. 校園　　　　c. 餐廳　　　　a. 校园　　　　c. 餐厅
　　　b. 商店　　　　d. 公園　　　　b. 商店　　　　d. 公园

B. Choose the right answer to complete each sentence.

____ 1. 昨天比賽的_____怎麼樣？我們　昨天比赛的_____怎么样？我们
　　　贏了沒有？　　　　　　　　　赢了没有？
　　　a. 最後　　　　c. 中間　　　　a. 最后　　　　c. 中间
　　　b. 結果　　　　d. 方向　　　　b. 结果　　　　d. 方向

____ 2. 他喜歡一個人_____著自行車在　他喜欢一个人_____着自行车在
　　　校園裏逛。　　　　　　　　　　校园里逛。

a. 坐	c. 騎	a. 坐	c. 騎
b. 開	d. 搭	b. 开	d. 搭

___ 3. 電話_____了，原來是媽媽打來的。

a. 響　　　c. 跑
b. 發　　　d. 慘

电话_____了，原来是妈妈打来的。

a. 响　　　c. 跑
b. 发　　　d. 惨

___ 4. 他很會跟人_____，所以買的東西都比較便宜。

a. 下棋　　　c. 注意
b. 討價還價　　d. 問好

他很会跟人_____，所以买的东西都比较便宜。

a. 下棋　　　c. 注意
b. 讨价还价　　d. 问好

___ 5. 無論晚上多晚睡，他每天都六點_____。

a. 拉肚子　　c. 起床
b. 上當　　　d. 經過

无论晚上多晚睡，他每天都六点_____。

a. 拉肚子　　c. 起床
b. 上当　　　d. 经过

C. Choose the appropriate words to complete the following paragraph.

a. 方向	b. 早點	c. 鬧鐘	d. 問好	e. 跳舞	f. 最後	g. 順著	h. 起床	i 經過
	早点	闹钟	问好		最后	顺着		经过

我在美國的時候，因爲晚睡，早上常常起不來，無論_____1響幾次都沒有用，所以我總是_____2一個進教室 jiàoshì 'classroom' 的。沒想到來了中國以後，我變了。我每天天一亮，就_____3，吃了_____4，就騎上自行車，_____5大街，往北海公園的_____6去。早上的公園熱鬧極了，很多人在跑步、打太極拳、練氣功，甚至還有人在_____7。我這個老外從旁邊

我在美国的时候，因为晚睡，早上常常起不来，无论_____1响几次都没有用，所以我总是_____2一个进教室的。没想到来了中国以，我变了。我每天天一亮，就_____3，吃了_____4，就骑上自行车，_____5大街，往北海公园的_____6去。早上的公园里热闹极了，很多人在跑步、打太极拳、练气功，甚至还有人在_____7。我这个老外从旁边_____8，他们也会向

_____₈，他們也會向我_____₉。我　我_____₉。我愛中国的早晨！

愛中國的早晨zǎochén 'morning' !

D. Choose the right character to complete each sentence.

___ 1. 那家店賣的東西都很高____。　　　那家店卖的东西都很高____。
      a. 計　　　c. 級　　　　a. 计　　　c. 级
      b. 紀　　　d. 記　　　　b. 纪　　　d. 记

___ 2. 星期五晚上有個____會，你去　　星期五晚上有个____会，你去不
      不去？　　　　　　　　　　去？
      a. 無　　　c. 屋　　　　a. 无　　　c. 屋
      b. 舞　　　d. 午　　　　b. 舞　　　d. 午

___ 3. 我____得要命，你有沒有水？　　我____得要命，你有没有水？
      a. 渴　　　c. 可　　　　a. 渴　　　c. 可
      b. 喝　　　d. 客　　　　b. 喝　　　d. 客

___ 4. 天安門____場大極了，你去過　　天安门____场大极了，你去过
      嗎？　　　　　　　　　　吗？
      a. 黃　　　c. 廣　　　　a. 黄　　　c. 广
      b. 逛　　　d. 光　　　　b. 逛　　　d. 光

___ 5. 上課的時候，他不太____意聽，　上课的时候，他不太____意听，
      所以問題很多。　　　　　所以问题很多。
      a. 注　　　c. 住　　　　a. 注　　　c. 住
      b. 主　　　d. 祝　　　　b. 主　　　d. 祝

II. Grammar

Answer the following questions using the patterns provided.

1. Expressing a specific time in the past

自從S₁VO以後，(S₁)/S₂就　　zìcóng…yǐhòu, …jiù　ever since…, (S₁)/S₂…

1. 現在她的身體爲什麼這麼好？她　　现在她的身体为什么这么好？她
   學會打太極拳了嗎？　　　　　学会打太极拳了吗？

2. 你上大學以前和上大學以後有什
麼不一樣？

你上大学以前和上大学以后有什
么不一样？

3. 他是不是交了女朋友？爲什麼最
近都沒看到他？

他是不是交了女朋友？为什么最
近都没看到他?

2. Expressing an ongoing activity or concurrent actions

| S 忙著V(O) | …mángzhe… | S is busy V-ing |
| S V_2著O_2 V_1O_1 | …zhe… | S does V_1 O_1 while doing V_2 O_2 (an accompanying action) |

1. 你每天都不在家，做什麼去了？

你每天都不在家，做什么去了？

2. 你跟朋友喜歡做些什麼？

你跟朋友喜欢做些什么？

3. 爲什麼最近都沒有他的消息？

为什么最近都没有他的消息？

3. Using reduplication

Reduplication of N: A→AA; AB→AABB	pluralizer
Reduplication of Adj: A→AA; AB→AABB	intensifier
Reduplication of V: A→AA; AB→ABAB	to do something briefly or casually

1. 早上的公園裏，什麼人在鍛鍊？

早上的公园里，什么人在锻炼？

2. 你找到你的書了嗎？

你找到你的书了吗？

3. 你要上哪兒去？去打太極拳還是   你要上哪儿去？去打太极拳还是
    練氣功？   练气功？

_____

4. Using parallel actions to describe a situation

$V_1(O_1)$的(人)$V_1(O_1)$,	…de(rén)…,	the ones who do V_1 did V_1, the ones who
$V_2(O_2)$的(人)$V_2(O_2)$	…de(rén)…	do V_2 did V_2; some do…, others do…

1. 圖書館裏學生多嗎？他們都在做   图书馆里学生多吗？他们都在做
    什麼？   什么？

_____

2. 你剛才經過公園，看到了什麼？   你刚才经过公园，看到了什么？

_____

3. 你去逛街的時候，人多嗎？他們   你去逛街的时候，人多吗？他们
    都在做什麼？   都在做什么？

_____

5. Expressing a necessary condition

只要S…, （S）就…	zhǐyào…, …	as long as…, then; provided that…
S只要…, （S）就…	jiù…	

1. 在這兒，誰可以上大學？   在这儿，谁可以上大学？

_____

2. 在美國，什麼人可以開車？   在美国，什么人可以开车？

_____

3. 我不會討價還價，在美國買東西   我不会讨价还价，在美国买东西
    會不會上當？   会不会上当？

_____

6. Expressing negligence

S (O) V 也/都 不V就…	…yě/dōu bù…jiù…	S…without V-ing
S (O) V 也/都 沒V就…	…yě/dōu méi…jiù…	

1. 他過馬路mǎlù 'road' 的時候沒注意兩邊的車嗎?爲什麼出事了?   他过马路的时候没注意两边的车吗? 为什么出事了?

   _____

2. 你吃了早飯才來學校嗎?   你吃了早饭才来学校吗?

   _____

3. 老師把功課還給學生以後,學生看嗎?   老师把功课还给学生以后, 学生看吗?

   _____

III. Listening

Listen to each passage and answer the following questions.

Part 1 ___ 1. Which statement is true?
   a. The speaker's mother was mad because her son went out alone.
   b. The speaker knew that her brother was about to go out.
   c. The speaker's brother went out without letting his mother know.
   d. The speaker's brother took her bike out so she was mad.

Part 2 ___ 2. The speaker
   a. never had beef noodles before she came to the U.S.
   b. spent a long time making beef noodles today.
   c. finally had beef noodles today, although they were too soupy.
   d. was looking forward to having beef noodles today but she ended up having a sandwich.

Part 3 ___ 3. Xiao Gao
   a. had diarrhea this morning.
   b. drank a bottle of unclean water in a restaurant.
   c. ate something disagreeable in a restaurant.
   d. feels a bit better now.

___ 4. Which one is true?
    a. The woman asked Xiao Gao which restaurant he went to this morning.
    b. The woman asked Xiao Gao to go to a park with her.
    c. Xiao Gao will dine out with his friend because he feels much better now.
    d. none of the above

Part 4 ___ 5. The woman
    a. asked for directions to a store.
    b. asked for directions to a park.
    c. has been to this place before, but that was some time ago.
    d. has never seen the ocean.

___ 6. The man said the woman
    a. should keep heading west.
    b. needs to turn right at the second intersection.
    c. needs to turn left at the first intersection.
    d. needs to take a different road in order to get there.

Part 5 ___ 7. The man
    a. has no plans for the weekend.
    b. is asking the woman out this weekend.
    c. is urging the woman to study more.
    d. is asking the woman to finish her paper.

___ 8. The woman
    a. stayed up all night.
    b. was not in the mood to finish her paper.
    c. exercises every other day and that's enough for her.
    d. works out twice a day and that's not enough for her.

IV. Speaking

A. Talk about yourself
Use the following questions as cues.

1. 這個週末你打算做什麼？打算去　这个周末你打算做什么？打算去
哪兒？爲什麼？　　　　　　　　哪儿？为什么？

2. 要是你有空兒的話，一個人會做　要是你有空儿的话，一个人会做
什麼？爲什麼？　　　　　　　　什么？为什么？

3. 你平常鍛鍊嗎？什麼時候去鍛　你平常锻炼吗？什么时候去锻

　　　　鍊？去哪兒鍛鍊？爲什麼？　　　炼？去哪儿锻炼？为什么？

4.　你上過當嗎？上過誰的當？在哪　　你上过当吗？上过谁的当？在哪
　　兒上的當？説説你的經驗。　　　　儿上的当？说说你的经验。

5.　你有沒有吃錯或喝錯東西的經　　　你有没有吃错或喝错东西的经
　　驗？你拉肚子或生病了嗎？請説　　验？你拉肚子或生病了吗？请说
　　説。　　　　　　　　　　　　　　说。

B.　Come to my place
Give one of your friends detailed directions to your place. Tell him/her what bus or subway to take, where to get on, where to get off, and once he/she gets off, how to get to your house/apartment.

1.　在⋯⋯地方，搭⋯⋯號的公共汽　　在⋯⋯地方，搭⋯⋯号的公共汽
　　車／地鐵 dìtiě 'subway'　　　　　　车／地铁

2.　過了⋯⋯站，會看到⋯⋯　　　　　过了⋯⋯站，会看到⋯⋯

3.　在⋯⋯地方，下車　　　　　　　　在⋯⋯地方，下车

4.　下了車以後，經過⋯⋯地方，　　　下了车以，经过⋯⋯地方，走⋯⋯
　　走⋯⋯分鐘，會走到⋯⋯　　　　　分钟，会走到⋯⋯

5.　過⋯個紅綠燈，在⋯⋯左轉，就　　过⋯⋯个红绿灯，在⋯⋯左转，就
　　會到⋯⋯　　　　　　　　　　　　会到⋯⋯

6.　你家就在⋯⋯的旁邊　　　　　　　你家就在⋯⋯的旁边

C.　Watch out!!
Survey your classmates to find out (1) where they have been, (2) what to be careful of when going to these places, and (3) why.

地方	應該注意⋯⋯	爲什麼
紐約		
北京		
巴黎		
倫敦		
東京		

V. Reading

A. Reading a text

Check your comprehension of the lesson text by deciding which statement is correct.

___ 1. 小高到中國以後，_____。　　小高到中国以后，_____。
   - a. 馬上給美英發電子郵件。　　a. 马上给美英发电子邮件。
   - b. 馬上到校園外面逛。　　　　b. 马上到校园外面逛。
   - c. 聽了很多關於北京的故事。　c. 听了很多关于北京的故事。
   - d. 一直忙著學習。　　　　　　d. 一直忙着学习。

___ 2. 小高上個星期日_____。　　小高上个星期日_____。
   - a. 睡懶覺，因為不用學習。　　a. 睡懒觉，因为不用学习。
   - b. 天一亮就起床了。　　　　　b. 天一亮就起床了。
   - c. 沒吃早點就出去了。　　　　c. 没吃早点就出去了。
   - d. 坐公車到天安門廣場去。　　d. 坐公车到天安门广场去。

___ 3. 小高在去天安門廣場的路上，　小高在去天安门广场的路上，
      _____。　　　　　　　　　_____。
   - a. 看到一個四合院。　　　　　a. 看到一个四合院。
   - b. 經過一個校園。　　　　　　b. 经过一个校园。
   - c. 經過很多小胡同。　　　　　c. 经过很多小胡同。
   - d. 看到賣烤鴨的餐廳。　　　　d. 看到卖烤鸭的餐厅。

___ 4. 在公園裏，_____。　　　　在公园里，_____。
   - a. 一早就有人在鍛鍊。　　　　a. 一早就有人在锻炼。
   - b. 什麼人都有。　　　　　　　b. 什么人都有。
   - c. 可以看到各種活動。　　　　c. 可以看到各种活动。
   - d. 上面都對。　　　　　　　　d. 上面都对。

___ 5. 星期日那天，小高____。　　　星期日那天，小高____。
   - a. 和一個小販討價還價。　　　a. 和一个小贩讨价还价。
   - b. 在路上就拉肚子了。　　　　b. 在路上就拉肚子了。
   - c. 讓一個小販上當。　　　　　c. 让一个小贩上当。
   - d. 吃了一碗「加州牛肉麵」。　d. 吃了一碗"加州牛肉面"。

___ 6. 小高上個週末____。　　　　　小高上个周末____。

a. 過得非常愉快。
b. 沒有什麼意思。
c. 感覺很寂寞。
d. 看到一些可笑的事。

a. 过得非常愉快。
b. 没有什么意思。
c. 感觉很寂寞。
d. 看到一些可笑的事。

B. Reading a journal

Read the journal passage below and answer the following questions.

李明的日記

十月三日　星期三　陰yīn 'cloudy'

　　聽說小高上個週末騎自行車出去玩了，真好！在北京無論走到哪兒都很方便、很熱鬧。街上什麼地方都有小販，大家吃的吃，喝的喝，買的買，逛的逛，愉快極了！哪兒像這個地方，路上一個人也看不到。週末的時候，要去逛街，不知道去哪兒好？因爲除了商場以外，幾乎什麼店都關了。星期天有的商店要十二點以後才開門。如果自己沒有車，那就更慘了，公共汽車可能要等半天才來呢！如果去公園，可能會發現狗比人還多。

　　小高覺得「加州牛肉麵」很有趣。沒錯！加州最有名的並不是牛肉麵，可是中國的餐廳也不給人「幸運餅xìngyùnbǐng 'fortune cookies'」。美國人跟中國人一樣有想像力啊！

李明的日记

十月三日　星期三　阴

　　听说小高上个周末骑自行车出去玩了，真好！在北京无论走到哪儿都很方便、很热闹。街上什么地方都有小贩，大家吃的吃，喝的喝，买的买，逛的逛，愉快极了！哪儿象这个地方，路上一个人也看不到。周末的时候，要去逛街，不知道去哪儿好？因为除了商场以外，几乎什么店都关了。星期天有的商店要十二点以后才开门。如果自己没有车，那就更惨了，公共汽车可能要等半天才来呢！如果去公园，可能会发现狗比人还多。

　　小高觉得"加州牛肉面"很有趣。没错！加州最有名的并不是牛肉面，可是中国的餐厅也不给人"幸运饼"。美国人跟中国人一样有想象力啊！而且爱用外国名字

而且愛用外國名字的，也不只是中國人。美國很多東西的名字不是有法文嗎？我想他們也覺得那些東西聽起來「高級」。

小高又說他和街上的小販討價還價，結果上當了。我在紐約Niǔyuē 'New York'也有一樣的經驗。不過說實在的，我在這兒很少拉肚子。我想美國的東西是比中國的乾淨。

的，也不只是中国人。美国很多东西的名字里不是有法文吗？我想他们也觉得那些东西听起来"高级"。

小高又说他和街上的小贩讨价还价，结果上当了。我在纽约也有一样的经验。不过说实在的，我在这儿很少拉肚子。我想美国的东西是比中国的干净。

___ 1. 李明覺得北京_____。
    a. 很熱鬧、方便。
    b. 小販太多了。
    c. 週末逛街的人根本不多。
    d. 人只喜歡在高級商店買東西。

李明觉得北京_____。
    a. 很热闹、方便。
    b. 小贩太多了。
    c. 周末逛街的人根本不多。
    d. 人只喜欢在高级商店买东西。

___ 2. 李明覺得在美國_____。
    a. 週末去逛商場一定要早。
    b. 週末讓他覺得更寂寞。
    c. 坐公共汽車也很方便。
    d. 公園裏最多的是跑步的人。

李明觉得在美国_____。
    a. 周末去逛商场一定要早。
    b. 周末让他觉得更寂寞。
    c. 坐公共汽车也很方便。
    d. 公园里最多的是跑步的人。

___ 3. 李明覺得_____。
    a. 中國人更愛用外國的名字。
    b. 美國人更愛用外國的名字。
    c. 中國人和美國人一樣很會想像。
    d. 有法文的東西比較高級。

李明觉得_____。
    a. 中国人更爱用外国的名字。
    b. 美国人更爱用外国的名字。
    c. 中国人和美国人一样很会想象。
    d. 有法文的东西比较高级。

___ 4. 對李明來說，_____。
    a. 紐約的小販更厲害。
    b. 在美國拉肚子是家常便飯。
    c. 中國的東西和美國的一樣乾淨。

对李明来说，_____。
    a. 纽约的小贩更厉害。
    b. 在美国拉肚子是家常便饭。
    c. 中国的东西和美国的一样干净。

d. 什麼地方都有不好的小販。　　d. 什么地方都有不好的小贩。

C. Reading a story
Read the story below and answer the following questions.

瞎子[1]摸[2]象[3]
xiāzi mō xiàng

從前有四個瞎子，他們都覺得自己很聰明[4]。有一天，他們在聊天，一個人趕[5]著象從他們旁邊經過，大聲地說：「象來了！象來了！」有個瞎子問：「象是什麼樣子的？」沒有人知道，所以他們決定要摸一摸象。

第一個瞎子摸了象的肚子就說：「我知道了，象跟牆[6]一樣。」第二個瞎子摸了摸象的耳朵[7]就說：「啊！象和扇子[8]一樣。」第三個瞎子摸著象的腿[9]說：「你們說的都不對，象跟柱子[10]差不多。」第四個瞎子摸了象的尾巴[11]就大聲說：「你們全錯了，象和蛇[12]一樣。」

這四個瞎子都覺得自己說的對，誰也不聽別人的。趕象的人聽了他們的話，就大聲地笑了起來。

瞎子[1]摸[2]象[3]
xiāzi mō xiàng

从前有四个瞎子，他们都觉得自己很聪明[4]。有一天，他们在聊天，一个人赶[5]着象从他们旁边经过，大声地说："象来了！象来了！"有个瞎子问："象是什么样子的？"没有人知道，所以他们决定要摸一摸象。

第一个瞎子摸了象的肚子就说："我知道了，象跟墙[6]一样。"第二个瞎子摸了摸象的耳朵[7]就说："啊！象和扇子[8]一样。"第三个瞎子摸着象的腿[9]说："你们说的都不对，象跟柱子[10]差不多。"第四个瞎子摸了象的尾巴[11]就大声说："你们全错了，象和蛇[12]一样。"

这四个瞎子都觉得自己说的对，谁也不听别人的。赶象的人听了他们的话，就大声地笑了起来。

1.	瞎子	xiāzi	blind person	7.	耳朵	ěrduō	ear
2.	摸	mō	to feel, to stroke	8.	扇子	shànzi	fan
3.	象	xiàng	elephant	9.	腿	tuǐ	leg

4.	聰明	聪明	cōngmíng	smart	10.	柱子		zhùzi	post, pillar
5.	趕	赶	gǎn	to drive	11.	尾巴		wěiba	tail
6.	牆	墙	qiáng	wall	12.	蛇		shé	snake

_____ 1. 第一個瞎子以為_____。　　　第一个瞎子以为_____。
   a. 象就是牆。　　　　　　　　a. 象就是墙。
   b. 象長得像牆。　　　　　　　b. 象长得象墙。
   c. 象跟牆不一樣。　　　　　　c. 象跟墙不一样。

_____ 2. 這些瞎子都覺得_____。　　　这些瞎子都觉得_____。
   a. 別人的話都不對。　　　　　a. 别人的话都不对。
   b. 趕象的人不應該笑他們。　　b. 赶象的人不应该笑他们。
   c. 象的樣子很難了解。　　　　c. 象的样子很难了解。

_____ 3. 象長得像_____。　　　　　象长得象_____。
   a. 蛇。　　　　　　　　　　　a. 蛇。
   b. 牆。　　　　　　　　　　　b. 墙。
   c. 扇子。　　　　　　　　　　c. 扇子。
   d. 都不對。　　　　　　　　　d. 都不对。

_____ 4. 「瞎子摸象」的意思是，_____。　　"瞎子摸象"的意思是，____。
   a. 我們只要用手摸象，就能知　　a. 我们只要用手摸象，就能知
      道象的樣子。　　　　　　　　　道象的样子。
   b. 我們應該多了解事情的各種　　b. 我们应该多了解事情的各种
      情況。　　　　　　　　　　　　情况。
   c. 我們應該多聽別人的話。　　　c. 我们应该多听别人的话。

D. Reading authentic material
   1. Read the line map of Beijing's subway below and indicate whether the statements are true or false.

   ____a. If you want to go to Wangfujing, you should take the subway that goes on line no. 2.

   ____b. There are five stops between Wangfujing and Xidan.

   ____c. If you want to go to Qianmen, you should take the subway that goes on line no. 2.

_____d. If you get on the subway at Xidan, at the fourth stop you will be at the Military Museum.

北京地下鉄地図   Line Map of Beijing Subway

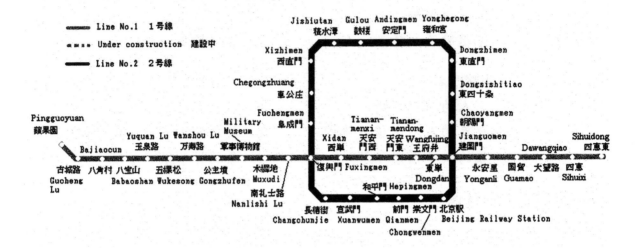

2.   Read the Beijing map on the next page and answer the following questions.

_____a. Beihai Park is to the (1) southeast (2) northeast (3) northwest of Tiananmen Square.

_____b. Wangfujing is to the (1) west (2) south (3) east of Tiananmen Square.

_____c. If you go south of Tiananmen Square, you will probably see (1) the Beijing Hotel (2) Chairman Mao's Memorial Hall (3) Zhongshan Park.

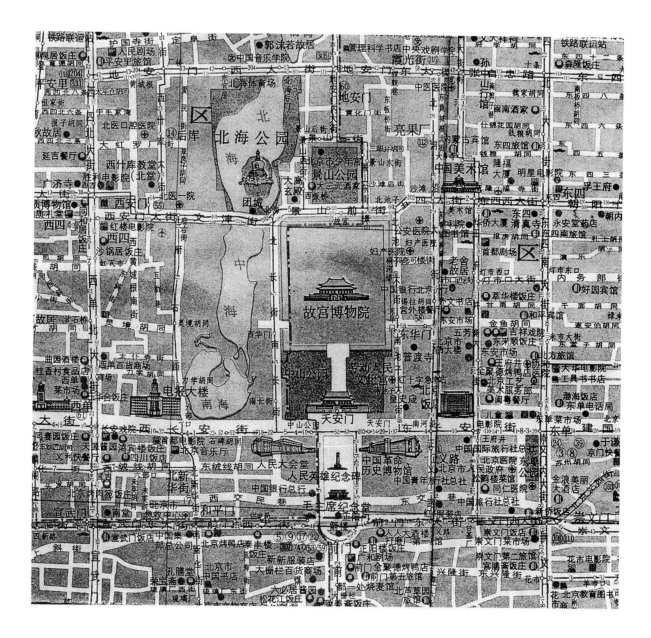

VI. Writing

A. Leave a note for your classmate and tell him/her how to get to your place.

怎麼來我家：

順著＿＿＿＿＿＿街開，開到＿＿＿＿＿＿左轉，開到＿＿＿＿＿右轉，

你會看到＿＿＿＿＿＿＿＿＿＿，然後經過＿＿＿＿＿＿＿＿＿＿，

再開一分鐘，就會看到＿＿＿＿＿＿＿＿＿＿＿路。開進去，我家

就在你右手邊，第三個房子，是綠色的。

怎么来我家：

顺着＿＿＿＿＿＿街开，开到＿＿＿＿＿＿左转，开到＿＿＿＿＿右转，

你会看到＿＿＿＿＿＿＿＿＿＿，然后经过＿＿＿＿＿＿＿＿＿＿，

再开一分钟，就会看到＿＿＿＿＿＿＿＿＿＿＿路。开进去，我家

就在你右手边，第三个房子，是绿色的。

B. Suppose you were Meiying. Write an e-mail message to Xiao Gao showing your concern and asking him more questions about Beijing.

小高：

　　你的北京故事聽起來很有

趣……

小高：

　　你的北京故事听起来很有

趣……

＿＿＿＿＿＿＿＿＿＿＿＿＿＿＿＿＿＿＿＿＿＿＿

＿＿＿＿＿＿＿＿＿＿＿＿＿＿＿＿＿＿＿＿＿＿＿

＿＿＿＿＿＿＿＿＿＿＿＿＿＿＿＿＿＿＿＿＿＿＿

＿＿＿＿＿＿＿＿＿＿＿＿＿＿＿＿＿＿＿＿＿＿＿

C. Have you ever been cheated? Write an essay on "I was fooled" 〈我上當了〉. Be sure to describe the event in detail using the sheet provided on the next page.

❧ **My questions:**

第五課 酸甜苦辣全都嚐過了嗎？

I. Vocabulary & Characters

A. Choose the word that doesn't belong in each group and write its meaning in English.

_____ 1. a. 吃苦　　　b. 開心　　　c. 享受　　　d. 愉快　　　e. 有趣
　　　　　　　　　　　　 开心

Meaning:_____

_____ 2. a. 乾　　　　b. 生　　　　c. 老　　　　d. 膩　　　　e. 飽
　　　　　　 干　　　　　　　　　　　　　　　　　膩　　　　　饱

Meaning:_____

_____ 3. a. 薯條兒　　b. 點心　　　c. 蛋糕　　　d. 漢堡包　　e. 藥
　　　　　　 薯条儿　　 点心　　　　　　　　　 汉堡包　　　药

Meaning:_____

_____ 4. a. 廣場　　　b. 日子　　　c. 中國城　　d. 公園　　　e. 校園
　　　　　　 广场　　　　　　　　　 中国城　　　公园　　　　校园

Meaning:_____

_____ 5. a. 鬧鐘　　　b. 自行車　　c. 移民　　　d. 機票　　　e. 地毯
　　　　　　 闹钟　　　 自行车　　　　　　　　　 机票

Meaning:_____

B. Choose the most appropriate responses to the following statements.

_____ 1. 這個太鹹，那個又太甜了！　　　　a. 我實在羨慕你。
　　　　　 这个太咸，那个又太甜了！　　　　　 我实在羡慕你。

_____ 2. 我明天有三個考試。　　　　　　　b. 你真挑剔！
　　　　　 我明天有三个考试。　　　　　　　　 你真挑剔！

__a__ 3. 這個週末我要去中國城大吃一頓。　c. 怪不得你這麼拼命。
　　　　　 这个周末我要去中国城大吃一顿。　　 怪不得你这么拼命。

_e_   4.   他下午一直拉肚子。
           他下午一直拉肚子。

      d.   你太客氣了。
            你太客气了。

_a_   5.   這是我自己做的蛋糕，你嚐嚐。
           這是我自己做的蛋糕，你尝尝。

      e.   真慘！
            真惨！

C. Choose the answer that paraphrases the phrase in bold.

___   1.   **他對吃很講究**。   **他对吃很讲究**。

           a. 他覺得不管吃什麼都好。   a. 他觉得不管吃什么都好。

           b. 他根本不喜歡吃。   b. 他根本不喜欢吃。

           c. 除非吃他喜歡的，否則他不   c. 除非吃他喜欢的，否则他不
               吃。   吃。

           d. 只要有東西吃，他就很高興。 d. 只要有东西吃，他就很高兴。

___   2.   她**有的是錢**。   她**有的是钱**。

           a. 錢有是有，可是不多。   a. 钱有是有，可是不多。

           b. 錢有一些。   b. 钱有一些。

           c. 有很大的經濟問題。   c. 有很大的经济问题。

           d. 錢多得要命。   d. 钱多得要命。

___   3.   留學生活的**酸甜苦辣**我都嚐了。 留学生活的**酸甜苦辣**我都尝了。

           a. 我什麼東西都吃。   a. 我什么东西都吃。

           b. 我什麼經驗都有。   b. 我什么经验都有。

           c. 我吃過不少東西。   c. 我吃过不少东西。

           d. 我什麼地方都去。   d. 我什么地方都去。

___   4.   你**只吃藥**不行，還得多運動。 你**只吃药**不行，还得多运动。

           a. 吃藥對身體不好。   a. 吃药对身体不好。

           b. 吃了藥就走不動。   b. 吃了药就走不动。

           c. 吃的藥不夠。   c. 吃的药不够。

           d. 不能就吃藥。   d. 不能就吃药。

___   5.   她一直在減肥，**可是不但沒瘦， 她一直在减肥，**可是不但没瘦，
           反而胖了**。   反而胖了**。

           a. 應該胖，可是瘦了。   a. 应该胖，可是瘦了。

           b. 不胖也不瘦。   b. 不胖也不瘦。

c. 越來越胖。

d. 越來越瘦。

c. 越来越胖。

d. 越来越瘦。

D. Character Train: Write as many characters as you can that share at least one component of the previous character.

e.g.,酸→酒→油→注→住→健

____ 1. 膩→____→____→____→____→____→____→____→____

____ 2. 挑→____→____→____→____→____→____→____→____

____ 3. 藥→____→____→____→____→____→____→____→____

____ 4. 講→____→____→____→____→____→____→____→____

II. Grammar

Answer the following questions using the patterns provided.

1. Expressing a general status through a range of alternatives

（要）不是…就是…	(yào)bushì…jiùshì	If it isn't…then it's…or else it's…
（再）不然就…	…(zài)bùrán jiù…	

1. 你的男同學怎麼樣？   你的男同学怎么样？

   _____

2. 一般的大學生週末的時候做什麼？   一般的大学生周末的时候做什么？

   _____

3. 上中文課的時候，你們都做些什   上中文课的时候，你们都做些什
   麼？   么？

   _____

2. Expressing an indispensable condition

除非condition, 否則action	chúfēi…fǒuzé	Unless…, otherwise…
除非condition, (要)不然action	chúfēi…(yào)bùrán	
action, 除非condition	…, chúfēi	S will (not) do sth. unless…

1.   你能不能幫我約她出來玩呢？   你能不能帮我约她出来玩呢？

_____

2.   我怎麼樣才能學好中文？   我怎么样才能学好中文？

_____

3.   咱們去中國城大吃一頓，好不好？   咱们去中国城大吃一顿，好不好？

_____

3. Describing a quality by comparison

像…這樣/那樣Adj的N	xiàng…zhèyàng/nàyang…de	(Adj) somebody/ something
像…這麼/那麼Adj的N	xiàng…zhème/nàme…de…	like this/that…

1.   你喜歡和什麼樣的人交朋友？   你喜欢和什么样的人交朋友？

_____

2.   你喜歡什麼樣的地方？   你喜欢什么样的地方？

_____

3.   你不想上什麼樣的課？   你不想上什么样的课？

_____

4. Expressing a strong contradiction

S不但沒/不…反而	búdànméi/bù…fǎn'ér	not only not…, on the contrary…

1.   你叫他別抽煙，他聽你的話嗎？   你叫他别抽烟，他听你的话吗？

_____

2. 今年冬天冷嗎？　　　　　　　今年冬天冷吗？

_____

3. 你去看他，他高興嗎？　　　　你去看他，他高兴吗？

_____

5. Expressing obligation/necessity/inevitability with double negation

不得不V	bùdé bù...	cannot not V; can't help but; must
不能不V	bùnéng bù...	cannot not V; can't help but; must
不會不V	búhuìbù...	will certainly V

1. 你不能少看一點兒電視嗎？　　你不能少看一点儿电视吗？

_____

2. 爲什麼他突然回家了？　　　　为什么他突然回家了？

_____

3. 中文這麼難，你爲什麼一定要學　中文这么难，你为什么一定要学
呢？　　　　　　　　　　　　呢？

_____

6. Expressing a rapid turn of events

S才V₁(Time Span) (S)就V₂	...cái...jiù...	It's only..., S already...
S剛V₁(Time Span) (S)就V₂	...gāng...jiù...	

1. 對不起，我沒有時間去參加晚會。　对不起，我没有时间去参加晚会。

_____

2. 吃飽了，我們去游泳 yóuyǒng 'swim'　吃饱了，我们去游泳吧！
吧！

_____

3. 我的自行車壞了，我得再去買一
    輛 liàng 新的。

    我的自行车坏了，我得再去买一
    辆新的。

    _____

4. 我累死了，得回家了。

    我累死了，得回家了。

    _____

5. 他家裏東西怎麼這麼多？他不是
    才搬來嗎？

    他家里东西怎么这么多？他不是
    才搬来吗？

    _____

6. 聽說你弟弟很厲害？

    听说你弟弟很厉害？

    _____

III. Listening

Listen to each passage and answer the following questions.

Part 1 ___ 1. The speaker
           a. wonders how to immigrate here.
           b. thinks the immigrants from China are having a good time here.
           c. considers himself someone who is not very particular about food.
           d. thinks the food here is great.

Part 2 ___ 2. The speaker
           a. loves french fries and hamburgers, although they are quite greasy.
           b. enjoys cakes and other desserts, although they are very fattening.
           c. thinks it's better to have Chinese food here than American food.
           d. thinks that here neither the Chinese food nor the American food is
               acceptable.

Part 3 ___ 3. The speaker thinks
           a. her roommate is too fat.
           b. her roommate should lose more weight.
           c. that she herself is too fat.
           d. that she should go on a diet with her roommate.

        ___ 4. The speaker's roommate
           a. eats only "healthy food" every day.

b. refrains from all kinds of food.

c. had only one bite of a sandwich at lunch today because it tasted bad.

d. has to eat a whole sandwich to feel full.

Part 4 ___ 5. The woman
   a. advised the man to taste all kinds of food.
   b. asked the man to try Cantonese food instead of Sichuan or Hunan dishes.
   c. thinks Cantonese food is not spicy enough for her.
   d. thinks both Sichuan and Hunan dishes are too spicy for the man.

___ 6. The man
   a. enjoys Mapo tofu in China every day.
   b. heard that Cantonese people eat all sorts of things.
   c. was told that the dishes in the south of China taste salty, and in the north, sweet.
   d. was told that the dishes in the east of China taste sour, and in the west, hot.

Part 5 ___ 7. Judging from the conversation, the man
   a. has been here many times before.
   b. knows a lot about Chinese food.
   c. enjoys his food very much.
   d. thinks that there aren't many choices on the menu.

___ 8. The waitress
   a. helps the man order his food.
   b. recommends that the man have roast duck and hot and sour soup.
   c. says today's special is dumplings.
   d. thinks that the man is very particular about food.

IV. Speaking

A. Talk about yourself
   Use the following questions as cues.

1. 你喜歡吃什麼樣的飯？什麼味道？
   你能吃辣的嗎？

   你喜欢吃什么样的饭？什么味道？
   你能吃辣的吗？

2. 你喜歡出去吃飯嗎？去哪兒吃飯？
   為什麼？

   你喜欢出去吃饭吗？去哪儿吃饭？
   为什么？

3. 你會做飯嗎？最會做什麼飯？是怎

   你会做饭吗？最会做什么饭？是怎

麼做的？	么做的？

4. 在你家誰吃得最好、最差、最多、最少？爲什麼？ 　　在你家谁吃得最好、最差、最多、最少？为什么？

5. 説説你吃過最好的和最不好的飯。 　　说说你吃过最好的和最不好的饭。

6. 在你的國家，你們吃什麼特別的飯？請介紹一下。 　　在你的国家，你们吃什么特别的饭？请介绍一下。

B. Dining out

You are eating at a fancy restaurant. The waiter is taking your order. Role-play with your classmate using the following cues.

服務員	你
1. 要吃什麼？ 要吃什么？	不吃……。今天有什麼好吃的？ 不吃……。今天有什么好吃的？
2. 這些菜好不好？ 这些菜好不好？	要……，先上……菜，後上……菜 要……，先上……菜，后上……菜
3. 想喝什麼？ 想喝什么？	要喝……。 要喝……。
4. 吃得怎麼樣？ 吃得怎么样？	吃得……，但是……有一點兒問題。 吃得……，但是……有一点儿问题。
5. 想吃什麼點心？ 想吃什么点心？	想吃……，但是你在減肥。 想吃……，但是你在减肥。
6. 給帳單 zhàngdān 'bill'。 给帐单。	身上帶的錢不夠。 身上带的钱不够。

C. You are what you eat!

Talk to a friend of yours (e.g., Li Ming) who is overweight. Give him/her some advice about losing weight. You may want to use the following phrases:

應該多吃……	应该多吃……
應該少吃……	应该少吃……
吃……對身體（不）好	吃……对身体（不）好
一天應該吃……次	一天应该吃……次
不要去……地方吃……	不要去……地方吃……

D. The best food in the world

Talk with a friend and tell him/her what you think of American food. Compare it to other kinds of food. If one of you thinks differently, argue with each other.

V. Reading

A. Reading a text

Check your comprehension of the lesson text by deciding which statement is correct.

___　1. 李明_____。　　　　　　　李明_____。

     a. 要小高多吃健康的食物。　　a. 要小高多吃健康的食物。

     b. 很關心小高。　　　　　　　b. 很关心小高。

     c. 最喜歡吃媽媽做的家常豆腐。　c. 最喜欢吃妈妈做的家常豆腐。

     d. 怕吃辣的。　　　　　　　　d. 怕吃辣的。

___　2. 李明覺得_____。　　　　　李明觉得_____。

     a. 美國的中國飯太油。　　　　a. 美国的中国饭太油。

     b. 中國的點心不夠甜。　　　　b. 中国的点心不够甜。

     c. 美國食物不好吃。　　　　　c. 美国食物不好吃。

     d. 美國的炸薯條兒比較地道。　d. 美国的炸薯条儿比较地道。

___　3. 李明覺得_____。　　　　　李明觉得_____。

     a. 美國的日子很好過。　　　　a. 美国的日子很好过。

     b. 自己對吃並不挑剔。　　　　b. 自己对吃并不挑剔。

     c. 移民的生活還不錯。　　　　c. 移民的生活还不错。

     d. 要吃飽一定要回中國去。　　d. 要吃饱一定要回中国去。

___　4. 李明現在_____。　　　　　李明现在_____。

     a. 在拼命減肥。　　　　　　　a. 在拼命减肥。

     b. 胖了，因爲吃太多了。　　　b. 胖了，因为吃太多了。

     c. 很羨慕小高，因爲小高一直　c. 很羡慕小高，因为小高一直
       很瘦。　　　　　　　　　　　　很瘦。

     d. 很高興像很多美國人一樣注　d. 很高兴象很多美国人一样注
       意健康。　　　　　　　　　　　意健康。

___　5. 小高____。　　　　　　　　小高____。

a. 覺得中國食物有名是對的。

b. 很喜歡他在中國的各種經驗。

c. 覺得學中文很難，但是對他
   來說是一種享受。

d. 上面都對。

a. 觉得中国食物有名是对的。

b. 很喜欢他在中国的各种经验。

c. 觉得学中文很难，但是对他
   来说是一种享受。

d. 上面都对。

B. Reading a journal

Read the journal passage below and answer the following questions.

美英的日記

十月十二日　星期五　晴

　　上次大家一起過中秋節的時候，小李又說美國食物這個不行、那個不行。他這個人真挑剔！王華雖然愛吃，也沒有他那麼講究。老實說，我覺得東西只要乾淨、能吃飽就好了，為什麼一定要花那麼多工夫去研究各種口味呢？而且吃得太鹹、太辣、太油，都對身體不好，還不如吃生菜、沙拉呢！又方便又健康！

　　去年夏天我回台灣的時候，發現很多中國人其實也常常吃漢堡包、炸薯條兒等美國食物，孩子尤其喜歡吃。哪兒像李明這樣？不過聽說中國人也越來越胖了，「小胖子」尤其多，不知道這跟多吃美國食物有沒有關係。

T/F   1.   大家都知道小李不喜歡吃美國

美英的日记

十月十二日　星期五　晴

　　上次大家一起过中秋节的时候，小李又说美国食物这个不行、那个不行。他这个人真挑剔！王华虽然爱吃，也没有他那么讲究。老实说，我觉得东西只要干净、能吃饱就好了，为什么一定要花那么多工夫去研究各种口味呢？而且吃得太咸、太辣、太油，都对身体不好，还不如吃生菜、沙拉呢！又方便又健康！

　　去年夏天我回台湾的时候，发现很多中国人其实也常常吃汉堡包、炸薯条儿等美国食物，孩子尤其喜欢吃。哪儿象李明这样？不过听说中国人也越来越胖了，"小胖子"尤其多，不知道这跟多吃美国食物有没有关系。

大家都知道小李不喜欢吃美国

食物。　　　　　　　　　　　　　　　食物。

T/F　2.　小王跟小李對吃都很講究。　　小王跟小李对吃都很讲究。

T/F　3.　美英覺得食物一定要色、香、　美英觉得食物一定要色、香、
　　　　味都好才行。　　　　　　　　味都好才行。

T/F　4.　美英覺得口味重的食物吃多了　美英觉得口味重的食物吃多了
　　　　不好。　　　　　　　　　　　不好。

T/F　5.　美英發現很多中國人都不喜歡　美英发现很多中国人都不喜欢
　　　　吃美國食物。　　　　　　　　吃美国食物。

T/F　6.　現在中國胖的孩子越來越多了。　现在中国胖的孩子越来越多了。

T/F　7.　美英覺得吃美國食物可能容易　美英觉得吃美国食物可能容易
　　　　讓人發胖。　　　　　　　　　让人发胖。

C. Reading a story

Read the story below and answer the following questions.

望[1]梅[2]止[3]渴
wàng méi zhǐ kě

望[1]梅[2]止[3]渴
wàng méi zhǐ kě

從前有個將軍[4]叫曹操[5]。有一次，他帶兵[6]出去，迷路[7]了。路上沒有水喝，大家都渴得要命，幾乎走不動了。曹操看到這個情況，就對大家說：「前面有個大樹林[8]，樹上都是梅子，又酸又甜，可以解渴[9]。」他的士兵一聽，就想到梅子的酸味，嘴[10]裏都流[11]出了口水[12]，所以就不覺得渴了。過了一會兒，他們就走到了有水的地方。

从前有个将军[4]叫曹操[5]。有一次，他带兵[6]出去，迷路[7]了。路上没有水喝，大家都渴得要命，几乎走不动了。曹操看到这个情况，就对大家说："前面有个大树林[8]，树上都是梅子，又酸又甜，可以解渴[9]。"他的士兵一听，就想到梅子的酸味，嘴[10]里都流[11]出了口水[12]，所以就不觉得渴了。过了一会儿，他们就走到了有水的地方。

1.	望	wàng	to gaze into the distance, to look over	7.	迷路	mílù　to get lost

2.	梅(子)		méi(zi)	plum	8.	樹林 树林	shùlín	forest
3.	止		zhǐ	to stop	9.	解渴	jiěkě	to quench one's thirst
4.	將軍	将军	jiāngjūn	general	10.	嘴	zuǐ	mouth
5.	曹操		Cáocāo	name of a person	11.	流	liú	to water (at the mouth)
6.	(士)兵		(shì)bīng	rank-and-file soldiers, privates	12.	口水	kǒushuǐ	saliva

___ 1. 望梅止渴的意思是_____。

　　a. 讓人愉快的東西既要好吃又要好看。

　　b. 沒有好吃的東西也沒關係，想一想也好，會讓自己覺得好一點。

　　c. 只要吃了梅子，就會感覺比較好。

　　d. 除非有梅子吃，要不然一定會口渴。

望梅止渴的意思是_____。

　　a. 让人愉快的东西既要好吃又要好看。

　　b. 没有好吃的东西也没关系，想一想也好，会让自己觉得好一点。

　　c. 只要吃了梅子，就会感觉比较好。

　　d. 除非有梅子吃，要不然一定会口渴。

___ 2. 他沒法回家吃媽媽做的好菜，只好看看食譜shípǔ 'recipes, cookbook' 來望梅止渴。這句話的意思是_____。

　　a. 他喜歡看著食譜做菜。

　　b. 食譜上有「望梅止渴」這道菜。

　　c. 他吃不到好菜，看看也好。

　　d. 媽媽做的菜跟食譜上的一樣好吃。

他没法回家吃妈妈做的好菜，只好看看食谱来望梅止渴。这句话的意思是___。

　　a. 他喜欢看着食谱做菜。

　　b. 食谱上有"望梅止渴"这道菜。

　　c. 他吃不到好菜，看看也好。

　　d. 妈妈做的菜跟食谱上的一样好吃。

D. Reading authentic material
1. Read the advertisement on the right and answer the following questions.

　　___a. This company will (1) make you fresh cakes (2) deliver the cakes for you (3) both of the above.

香帥蛋糕公司

生日蛋糕
彌月蛋糕禮盒
開會精緻點心
電話預約爲您送到府上

專業爲您製作最新的蛋糕

台北市羅斯福路三段 41 號
（金門街口）
FAX：3623964
電話：3621438（總機）—40

___b. The pastries are good for (1) kids' birthdays only (2) company gatherings (3) one-month-old babies.

2. Read the advertisement below and answer the following questions.

___a. This ad is about (1) recipes (2) a supermarket (3) a fast food store.

___b. The food being talked about is (1) spicy fried chicken (2) cripsy fried chicken (3) greasy fried chicken.

___c. You can get this kind of food (1) in Beijing, China (2) only in the U.S. (3) in 16 different countries.

哥顿炸鸡

哥顿炸鸡是 1963 年由哥顿顾达理先生在美国佛吉尼亚州创办的炸鸡店，现在全世界已发展有 6000 家连锁店，遍布 15 个国家和地区。

哥顿炸鸡是美式脆皮炸鸡，有独特的配方和烹炸工艺，皮脆、肉嫩、香而不腻、味入肉中，吃起来令人赞不绝口，回味无穷。

地址：中国·北京王府井北口金鱼胡同二十号

3. Read the list of the food items on the right and answer the following questions.

___a. Someone ordered (1) beef vegetable soup (2) chicken noodle soup (3) hot and sour soup.

___b. This person also ordered (1) a double cheeseburger (2) a small order of french fries (3) a soda.

___c. This person will (1) take the food out (2) eat the food in the restaurant (3) have to pay five dollars and seventy cents.

	項　　　目			
9PLU	奶　昔	C	V	S
	熱巧克力			
	熱紅茶			
	熱咖啡			
大15PLU 小16PLU	牛肉蔬菜湯		(大)	小
大19PLU 小18PLU	雞蓉玉米湯		大	小
	可口可樂	大	中	小	兒
	芬達橘子汽水	大	中	小	兒
	雪碧汽水	大	(中)	小	兒
	冰檸檬紅茶		大	小
	冰咖啡			大	小
大3PLU 小4PLU	柳橙汁	大3PLU		小4PLU
6PLU	鮮　奶			
21PLU	麥當勞早餐			
22PLU	滿福早點			
23PLU	鬆餅			
24PLU	鮮肉鬆餅			
	滿福堡			
	鮮肉滿福堡			
	鮮肉滿福堡加蛋			
	漢　堡	✓		
	吉事漢堡			
	双層漢堡			
	双層吉事漢堡			
	麥香堡			
	麥香魚			
	麥香雞			
	麥克雞塊	(6)	(9)	(20)
	麥當勞炸雞	(1)12PLU (2)		(3)20PLU	(8)
1PLU	吉事片			
2PLU	滿福麵包			
	麥當勞薯條	(大)	中	小
25PLU	麥當勞薯餅			
7PLU	蘋果派			
8PLU	麥當勞餅乾			
10PLU	聖　代	H	S	P
	蛋捲冰淇淋	C16PLU	T17PLU	V11PLU
	今日特餐	1號41PLU	2號42PLU	3號43PLU
61PLU	餐　券	62PLU	餐券回收
5PLU	冰紅茶桶	31PLU	米奇月刊

McDonald's 麥當勞® ✓ 室內   外帶
寬達食品股份有限公司
日本商標(及服務標章)係由美商麥當勞公司授權使用

總　計
TOTAL：NT 2:

NT 270

VI. Writing

A. Write your friend a recipe for a dish that you know how to make.

	怎麼做_____	怎么做_____
材料： cáiliào	準備好下面這些東西 1._____ 2._____ 3._____	准备好下面这些东西
調味： 调味 tiáowèi	1._____ 2._____ 3._____	
作法： zuòfǎ	1._____ 2._____ 3._____ 4._____	

B. Write an e-mail message to your friend about something you have seen, felt, heard, smelled or tasted lately and what effect it had on you. Some possible topics include food, music, cold weather, your roommate, or noise 噪音 zàoyīn. You may want to use the following terms:

Positive Effects	Negative Effects
心情愉快、高興、享受、喝醉的感 覺、想飛 心情愉快、高兴、享受、喝醉的感 觉、想飞	頭疼、不開心、難過、難受、可笑、 想哭、吃苦、想家 头疼、不开心、难过、难受、可笑、 想哭、吃苦、想家

C. What kind of food do you like the most and why? Where can you have it and how do you make it? How does it compare to other kinds of food? What do you feel when you have your favorite dish? Write an essay on "my favorite food" 〈我最喜歡的食物〉 using the sheet provided on the next page.

第六課 現在流行什麼？

I. Vocabulary & Characters

A. Choose the right definition for each word.

___ 1.　土包子　　a.　擔心的事情
　　　　土包子　　　　擔心的事情

___ 2.　網友　　b.　男女朋友出去玩
　　　　网友　　　　男女朋友出去玩

___ 3.　心事　　c.　不懂流行的人
　　　　心事　　　　不懂流行的人

___ 4.　約會　　d.　一種用腳或手玩球的運動
　　　　约会　　　　一种用脚或手玩球的运动

___ 5.　足球　　e.　在網上認識的朋友
　　　　足球　　　　在网上认识的朋友

B. Choose the right answer to complete each sentence.

___ 1.　我跟你說一個_____，你別告訴　　我跟你说一个_____，你别告诉
　　　別人。　　　　　　　　　　　别人。
　　　a.　好感　　　c.　愛好　　　a.　好感　　　c.　爱好
　　　b.　秘密　　　d.　心事　　　b.　秘密　　　d.　心事

___ 2.　這部中國片子我_____聽不懂。　　这部中国片子我_____听不懂。
　　　a.　完全　　　c.　共同　　　a.　完全　　　c.　共同
　　　b.　多麼　　　d.　千萬　　　b.　多么　　　d.　千万

___ 3.　這些學生中文學得這麼好，都　　这些学生中文学得这么好，都
　　　_____老師的努力。　　　　　_____老师的努力。
　　　a.　搞　　　c.　靠　　　a.　搞　　　c.　靠
　　　b.　拍　　　d.　交　　　b.　拍　　　d.　交

___ 4. 你爲什麼不問問他？_____他　　　你为什么不问问他？_____他
知道怎麼用中文上網。　　　　　知道怎么用中文上网。

　　a. 怪不得　　　c. 沒想到　　　a. 怪不得　　　c. 没想到
　　b. 要不然　　　d. 説不定　　　b. 要不然　　　d. 说不定

___ 5. 這次中國足球隊又輸了，大家都　　這次中国足球队又输了，大家都
很_____。　　　　　　　　　　很_____。

　　a. 認爲　　　c. 討厭　　　　a. 认为　　　c. 讨厌
　　b. 失望　　　d. 拼命　　　　b. 失望　　　d. 拼命

___ 6. 你和父母之間的_____大嗎？　　你和父母之间的_____大吗？

　　a. 方向　　　c. 距離　　　　a. 方向　　　c. 距离
　　b. 長短　　　d. 發明　　　　b. 长短　　　d. 发明

C. Choose the appropriate words to complete the following paragraph.

a. 打扮	b. 導演	c. 明星	d. 完全	e. 影迷	f. 演戲	g. 討厭	h. 時髦
	导演				演戏	讨厌	时髦
i 片子	j. 清清楚楚						

　　很多年輕人想當_____₁，因爲　　　　很多年轻人想当_____₁，因为
他們以爲_____₂很容易，只要長得　　他们以为_____₂很容易，只要长得
漂亮，又會_____₃就行了。每天穿　　漂亮，又会_____₃就行了。每天穿
_____₄的衣服、鞋子多享受啊！其　　_____₄的衣服、鞋子多享受啊！其
實他們哪兒知道上節目、拍_____₅　　实他们哪儿知道上节目、拍_____₅
的酸甜苦辣呢？_____₆讓他們胖，　　的酸甜苦辣呢？_____₆让他们胖，
他們就不得不胖，叫他們瘦，他們　　他们就不得不胖，叫他们瘦，他们
就要馬上減肥。他們不敢上街，也　　就要马上减肥。他们不敢上街，也
不敢談戀愛，而且看到自己_____₇　　不敢谈恋爱，而且看到自己_____₇
的人不能不問好，見到熱情的____₈　　的人不能不问好，见到热情的____₈
還要跟他們做朋友。別人對他們的　　还要跟他们做朋友。别人对他们的

生活＿＿＿9，他們卻＿＿＿10沒有自己
的生活，當演員多苦啊！

生活＿＿＿9，他们却＿＿＿10没有自己
的生活，当演员多苦啊！

D. Solve the riddle (謎語 míyǔ).

___　1.　有頭不長髮，
　　　　　什麼都記得，
　　　　　問題一說出，
　　　　　馬上就回答huídá 'to answer'。

有头不长发，
什么都记得，
问题一说出，
马上就回答。

a. 節目	c. 足球	a. 节目	c. 足球
b. 電腦	d. 帽子	b. 电脑	d. 帽子

___　2.　男女老少，
　　　　　說說笑笑，
　　　　　電燈diàndēng 'electric light' 一亮，
　　　　　全不見了。

男女老少，
说说笑笑，
电灯一亮，
全不见了。

a. 衣服	c. 電影	a. 衣服	c. 电影
b. 鞋子	d. 電視	b. 鞋子	d. 电视

___　3.　看起來是綠的，
　　　　　打開來是紅的，
　　　　　吐tǔ 'to spit' 出來是黑的，
　　　　　剩shèng 'left' 下來是白的。

看起来是绿的，
打开来是红的，
吐出来是黑的，
剩下来是白的。

a. 南瓜	c. 黃瓜	a. 南瓜	c. 黄瓜
b. 西瓜	d. 木瓜'papaya'	b. 西瓜	d. 木瓜

E. Choose the right character to complete each sentence.

___　1.　我對他的情況不太＿＿＿楚。

我对他的情况不太＿＿＿楚。

a. 情	c. 晴	a. 情	c. 晴
b. 清	d. 精	b. 清	d. 精

___　2.　你覺得什麼是二十世＿＿＿最偉
大的發明？

你觉得什么是二十世＿＿＿最伟
大的发明？

a. 計	c. 紀	a. 计	c. 纪
b. 記	d. 己	b. 记	d. 己

___　3.　他演戲演得精＿＿＿嗎？

他演戏演得精＿＿＿吗？

a. 彩	c. 受	a. 采	c. 受

b. 菜		d. 影		b. 菜		d. 影	

___　4.　誰是美國最好的____演？　　　谁是美国最好的____演？

    a. 道　　　　c. 到　　　　a. 道　　　　c. 到

    b. 導　　　　d. 倒　　　　b. 导　　　　d. 倒

___　5.　我說的話他都不聽，我對他很　　我说的话他都不听，我对他很

    失____。　　　　　　　　　　失____。

    a. 望　　　　c. 網　　　　a. 望　　　　c. 网

    b. 忘　　　　d. 王　　　　b. 忘　　　　d. 王

II. Grammar

Answer the following questions using the patterns provided.

1. Making an exhortation

S千萬別/要/得V　　　　qiānwàn bié/yào/děi…　　by all means…; must (not) V

1.　我明天就去法國了。　　　　我明天就去法国了。

    _____

2.　醫生說我的身體不太好。　　医生说我的身体不太好。

    _____

3.　他說我太胖了，應該減肥。　他说我太胖了，应该减肥。

    _____

2. Expressing changed circumstances

S本來/原來…現在/後來　　…běnlái/yuánlái…,　　formerly/originally…now/later on
本來/原來S…現在/後來　　xiànzài/hòulái…

1.　你們之間的關係怎麼樣？　　你们之间的关系怎么样？

    _____

2.　你怎麼學起電腦來了？　　　你怎么学起电脑来了？

    _____

3. 你不是一直說他好嗎？現在怎麼　　　你不是一直说他好吗？现在怎么
　　對他失望了？　　　　　　　　　　　对他失望了？

---

3. Enumerating reasons

| 一來…二來…（三來…）　yīlái…èrlái…(sānlái…)　first…, second…, third… |

1. 爲什麼你不喜歡那個女明星？　　　　为什么你不喜欢那个女明星？

---

2. 爲什麼你最近迷上電腦了？　　　　　为什么你最近迷上电脑了？

---

3. 爲什麼你覺得那個節目很精彩？　　　为什么你觉得那个节目很精彩？

---

4. Expressing a special quality in an exclamation

| 多（麼）Adj啊　　　　duō (me)…a　　　How…! So…! |

1. 她常來看我。　　　　　　　　　　　她常来看我。

---

2. 我一個人在這兒住。　　　　　　　　我一个人在这儿住。

---

3. 那個孩子看到人都不叫一聲。　　　　那个孩子看到人都不叫一声。
　　(How rude!)

---

5. Expressing habitual action or untried experience

| S 向來（不）V　　　…xiànglái (bù)…　　　S always V/never V |
| S 從來不V　　　　　…cónglái bù…　　　　S never V |
| S 從來沒V過(O)　　…cónglái méi…guò…　　S has never V-ed |

1. 你怎麼不看球賽？   你怎么不看球赛？

    _____

2. 你吃辣的嗎？   你吃辣的吗？

    _____

3. 你去過月球嗎？   你去过月球吗？

    _____

6. Expressing a minimal requirement

(只要)…就好了/ 就行了/就可以了	(zhǐyào)....jiù hǎole/ jiù xíngle/jiù kěyǐle	…then it will be all right …then it should be fine

1. 我怎麼樣能把中文學好？   我怎么样能把中文学好？

    _____

2. 這一課的生詞太多了，我哪兒記   这一课的生词太多了，我哪儿记
    得了？   得了？

    _____

3. 我們出去吃飯怎麼樣？   我们出去吃饭怎么样？

    _____

 ## III. Listening

Listen to each passage and answer the following questions.

Part 1   ___   1.   The speaker
                      a. is in love with a star.
                      b. likes the man because he looks handsome.
                      c. has been acquainted with the man for less than two months.
                      d. thinks that she knows the man pretty well.

Part 2 ___ 2. The girl being talked about
   a. is too shy to go on a date.
   b. is so introverted that she can't find a boyfriend.
   c. has had many dates and is finally going to get married.
   d. found her boyfriend with the help of a friend.

___ 3. The speaker
   a. is surprised that the girl has actually had many boyfriends.
   b. is dismayed that even computers can't help the girl.
   c. is worried that the girl is going to marry soon.
   d. is looking forward to her friend's marriage.

Part 3 ___ 4. The woman
   a. thinks that Gong Li is a great actress.
   b. thinks that Zhang Yimou is a great director.
   c. thinks that both Gong Li and Zhang Yimou have done a great job.
   d. none of the above

___ 5. The man
   a. has seen all the movies directed by Zhang Yimou.
   b. thinks that Gong Li is pretty, but her acting is awful.
   c. enjoys the look of the actress.
   d. all of the above

Part 4 ___ 6. The first woman
   a. is asking for advice on how to dress for a date.
   b. prefers to wear something fashionable.
   c. wears her tennis shoes once in a while.
   d. decides not to put on any makeup.

___ 7. The second woman
   a. thinks that the first woman should wear her tennis shoes and look natural.
   b. thinks that the first woman should wear something strange and fashionable.
   c. thinks that the first woman should not apply makeup, otherwise she will look like a hick.
   d. thinks that the first woman should look natural and elegant on her date.

Part 5 ___ 8. The man wishes that
   a. he hadn't listened to the woman.
   b. he had gone to the party.
   c. he didn't have to take the test.
   d. he could have done better on the test.

___ 9.   The woman says that
a. it's good that the man didn't go to the party.
b. it's good that the man didn't go shopping.
c. it's good that the man got to meet Xiao Fang and have a date with her.
d. none of the above

IV. Speaking

A. **Talk about yourself**
Use the following questions as cues.

1. 你常看電視嗎？最喜歡或最不喜歡看什麼節目？爲什麼？　　你常看电视吗？最喜欢或最不喜欢看什么节目？为什么？

2. 你常看電影嗎？最喜歡和最不喜歡看誰拍/演的電影？爲什麼？請說一部你看過最好、最糟的片子。　　你常看电影吗？最喜欢和最不喜欢看谁拍/演的电影？为什么？请说一部你看过最好、最糟的片子。

3. 你常看球賽嗎？什麼球賽？最喜歡哪一隊？哪個球員？爲什麼？　　你常看球赛吗？什么球赛？最喜欢哪一队？哪个球员？为什么？

4. 你常上網嗎？最喜歡哪個網站？爲什麼？有沒有網友？　　你常上网吗？最喜欢哪个网站？为什么？有没有网友？

5. 你喜歡跟流行嗎？常去逛街，買時髦的衣服、鞋子嗎？你喜歡什麼樣的打扮？　　你喜欢跟流行吗？常去逛街，买时髦的衣服、鞋子吗？你喜欢什么样的打扮？

6. 你覺得什麼東西是二十世紀最偉大的發明？爲什麼？　　你觉得什么东西是二十世纪最伟大的发明？为什么？

B. **My movie**
If you were Zhang Yimou, what considerations would you make concerning your upcoming movie? Use the following as cues.

1. 這部電影是關於什麼的？　　这部电影是关于什么的？

2. 這部電影要叫什麼名字？　　这部电影要叫什么名字？

3. 這部電影是彩色cǎisè 'colored' 還是黑白的？　　这部电影是彩色还是黑白的？

4. 要在哪兒拍這部電影？　　　　　要在哪儿拍这部电影？

5. 會有哪些演員？　　　　　　　　会有哪些演员？

6. 故事的內容是什麼？　　　　　　故事的内容是什么？

C. My product

You are selling a new invention. Tell the customer what it's made of, what it's used for, how it's used, etc. Role-play this with your classmate using the following cues.

你　　　　　　　　　　　　　　　顧客 gùkè 'customer'

1. 這是……最新發明的東西。　　　這有什麼特別的？
   这是……最新发明的东西。　　　这有什么特别的？

2. 這可以幫人……，讓你的生活更……。　　這是什麼做的？
   这可以帮人……，让你的生活更……。　　这是什么做的？

3. 這是……做的，不怕水、不怕熱……　　這怎麼用？
   这是……做的，不怕水、不怕热……　　这怎么用？

4. 把這個……放在……就好了。　　要是……這會不會有問題？
   把这个……放在……就好了。　　要是……这会不会有问题？

5. 只要……就沒有問題。　　　　　這要多少錢？
   只要……就没有问题。　　　　　这要多少钱？

6. 一個……，兩個……　　　　　　能不能賣便宜一點兒？
   一个……，两个……　　　　　　能不能卖便宜一点儿？

V. Reading

A. Reading a text

Check your comprehension of the lesson text by deciding which statement is correct.

___　1. 王華_____。　　　　　　王华_____。

　　　　a. 有個秘密什麼人都沒說。　　a. 有个秘密什么人都没说。

　　　　b. 這兩個多月來認識了一個網　　b. 这两个多月来认识了一个网
　　　　　 友。　　　　　　　　　　　　友。

　　　　c. 和這個朋友不太熟悉。　　　c. 和这个朋友不太熟悉。

d. 這一個月來見到了幾個老朋友。

d. 这一个月来见到了几个老朋友。

___   2. 王華和這個朋友_____。
a. 有一點共同的興趣。
b. 都討厭球賽。
c. 愛好幾乎完全一樣。
d. 都迷美國的電影明星。

王华和这个朋友_____。
a. 有一点共同的兴趣。
b. 都讨厌球赛。
c. 爱好几乎完全一样。
d. 都迷美国的电影明星。

___   3. 王華_____。
a. 和她的朋友約了下星期見面。
b. 不太喜歡這個朋友。
c. 怕這個朋友是個土包子。
d. 怕見了他，自己會很失望。

王华_____。
a. 和她的朋友约了下星期见面。
b. 不太喜欢这个朋友。
c. 怕这个朋友是个土包子。
d. 怕见了他，自己会很失望。

___   4. 王華_____。
a. 向來很會打扮。
b. 很清楚現在流行什麼。
c. 只穿時髦的衣服。
d. 覺得跟人約會很不好意思。

王华_____。
a. 向来很会打扮。
b. 很清楚现在流行什么。
c. 只穿时髦的衣服。
d. 觉得跟人约会很不好意思。

___   5. 美英_____。
a. 覺得小王本來就應該有對象。
b. 本來不知道小王在談戀愛。
c. 覺得小王只要穿時髦一點兒就應該去見她的朋友。
d. 覺得約會的時候應該穿得比較講究。

美英_____。
a. 觉得小王本来就应该有对象。
b. 本来不知道小王在谈恋爱。
c. 觉得小王只要穿时髦一点儿就应该去见她的朋友。
d. 觉得约会的时候应该穿得比较讲究。

B. Reading a journal
Read the journal passage below and answer the following questions.

王華媽媽的日記

十月十八日　星期四　雨

　　自從上次寄了一盒月餅去以後，就再沒有聽到小華的消息。不

王华妈妈的日记

十月十八日　星期四　雨

　　自从上次寄了一盒月饼去以后，就再没有听到小华的消息。不

知道她現在在忙什麼？她總説自己不是做功課，就是打電腦，再不然就是寫報告。眞是的！連一封電子郵件也沒有。女兒大了，跟媽媽的距離也遠了，有心事也不跟我説。她小的時候多好啊！把什麼秘密都告訴我。她腦子裏想什麼，我都清楚得很。現在不行了，叫她平常注意一下，打扮打扮，她也不聽，看起來像個土包子。在美國留學居然對流行完全沒有感覺，眞奇怪！我今天才知道在美國住久 jiǔ 'long time' 的人比台灣人還土！

　　小華現在整天上網、聊天，説不定有對象了。得叫她把那個男的帶回來給我看看，要不然我就買張機票，飛到美國去看她。

知道她现在在忙什么？她总说自己不是做功课，就是打电脑，再不然就是写报告。真是的！连一封电子邮件也没有。女儿大了，跟妈妈的距离也远了，有心事也不跟我说。她小的时候多好啊！把什么秘密都告诉我。她脑子里想什么，我都清楚得很。现在不行了，叫她平常注意一下，打扮打扮，她也不听，看起来象个土包子。在美国留学居然对流行完全没有感觉，真奇怪！我今天才知道在美国住久的人比台湾人还土！

　　小华现在整天上网、聊天，说不定有对象了。得叫她把那个男的带回来给我看看，要不然我就买张机票，飞到美国去看她。

___　1. 王華的媽媽＿＿＿＿＿。

    a. 中秋節以後收到王華一封電子郵件。

    b. 覺得女兒應該多給自己發電子郵件。

    c. 知道女兒現在忙著準備期中考。

    d. 想給女兒再寄一盒月餅。

___　2. 王華的媽媽＿＿＿＿。

    a. 認爲王華越大越時髦了。

王华的妈妈＿＿＿＿＿。

    a. 中秋节以后收到王华一封电子邮件。

    b. 觉得女儿应该多给自己发电子邮件。

    c. 知道女儿现在忙着准备期中考。

    d. 想给女儿再寄一盒月饼。

王华的妈妈＿＿＿＿。

    a. 认为王华越大越时髦了。

b. 認爲王華大了，比較聽話。

c. 本來跟女兒的關係很好，現在母女之間有距離了。

d. 現在很清楚女兒的心事。

___ 3. 王華的媽媽_____。

a. 以爲在美國留學的人應該更懂流行。

b. 以爲美國跟台灣一樣，多的是土包子。

c. 現在認爲美國人更講究流行。

d. 現在認爲台灣的人沒有美國的人那麼會打扮。

___ 4. 媽媽_____。

a. 認爲王華太土，一定沒有男朋友。

b. 想飛到美國去看看女兒。

c. 認爲王華整天忙著上網，哪兒有時間談戀愛。

d. 要幫王華介紹一個對象。

b. 认为王华大了，比较听话。

c. 本来跟女儿的关系很好，现在母女之间有距离了。

d. 现在很清楚女儿的心事。

王华的妈妈_____。

a. 以为在美国留学的人应该更懂流行。

b. 以为美国跟台湾一样，多的是土包子。

c. 现在认为美国人更讲究流行。

d. 现在认为台湾的人没有美国的人那么会打扮。

妈妈_____。

a 认为王华太土，一定没有男朋友。

b. 想飞到美国去看看女儿。

c. 认为王华整天忙着上网，哪儿有时间谈恋爱。

d. 要帮王华介绍一个对象。

C. Reading a story

Read the story below and answer the following questions.

鄭[1]人買履[2]
Zhèng rén mǎi lǚ

從前鄭國有個人，住在離城很遠的地方。有一天，他想到城裏去買鞋。他一邊走一邊想，要是能買到一雙[3]又好看又舒服的新鞋，穿起來多好啊！他希望快一點兒走到城裏。他走得快極了，但是走了兩個多小時才走到城裏。城裏有很多賣

郑[1]人买履[2]
Zhèng rén mǎi lǚ

从前郑国有个人，住在离城很远的地方。有一天，他想到城里去买鞋。他一边走一边想，要是能买到一双[3]又好看又舒服的新鞋，穿起来多好啊！他希望快一点儿走到城里。他走得快极了，但是走了两个多小时才走到城里。城里有很多卖

鞋的，他花了很長時間才找到一雙
自己喜歡的，他決定要買這雙鞋
子。他看了又看，這雙鞋是大還是
小呢？他想拿出鞋樣子⁴來看一看，
但是他把鞋樣子留在家裏了，他覺
得沒有辦法，就跟賣鞋的人說：
「對不起，我忘了把自己的鞋樣子
帶來了，我現在就回家去拿。」他
說完就馬上跑回家去了。等他找到
鞋樣子再回城裏的時候，已經很晚
了，賣鞋的早就走了。

鞋的，他花了很长时间才找到一双
自己喜欢的，他决定要买这双鞋
子。他看了又看，这双鞋是大还是
小呢？他想拿出鞋样子⁴来看一看，
但是他把鞋样子留在家里了，他觉
得没有办法，就跟卖鞋的人说：
"对不起，我忘了把自己的鞋样子
带来了，我现在就回家去拿。"他
说完就马上跑回家去了。等他找到
鞋样子再回城里的时候，已经很晚
了，卖鞋的早就走了。

| 1. | 鄭 | 郑 | Zhèng | name of a state | 3. | 雙 | 双 | shuāng | pair |
| 2. | 履 | 履 | lǚ | shoes | 4. | 鞋樣子 | 鞋样子 | xiéyàngzi | shoe pattern |

＿＿　1.　鄭國有個人＿＿＿＿。
　　　a.　要到城裏去買鞋樣子。
　　　b.　要去城裏賣鞋。
　　　c.　進城想買鞋。

郑国有个人＿＿＿＿。
a.　要到城里去买鞋样子。
b.　要去城里卖鞋。
c.　进城想买鞋。

＿＿　2.　這個人＿＿＿＿。
　　　a.　很快就找到自己要的鞋樣子。
　　　b.　最後找到一雙好看的鞋子。
　　　c.　找了半天，根本沒找到自己
　　　　　要的鞋。

这个人＿＿＿＿。
a.　很快就找到自己要的鞋样子。
b.　最后找到一双好看的鞋子。
c.　找了半天，根本没找到自己
　　要的鞋。

＿＿　3.　這個人決定＿＿＿＿。
　　　a.　無論鞋子大還是小，他都要
　　　　　買。
　　　b.　要買一雙跟鞋樣子一樣大的
　　　　　鞋。
　　　c.　什麼鞋他都不買。

这个人决定＿＿＿＿。
a.　无论鞋子大还是小，他都要
　　买。
b.　要买一双跟鞋样子一样大的
　　鞋。
c.　什么鞋他都不买。

___   4. 這個人以爲_____。   这个人以为_____。

        a. 沒有鞋不能買鞋樣子。   a. 没有鞋不能买鞋样子。

        b. 自己的鞋樣子被人拿走了。   b. 自己的鞋样子被人拿走了。

        c. 買鞋一定要用鞋樣子。   c. 买鞋一定要用鞋样子。

___   5. 「鄭人買履」的意思是_____。   "郑人买履"的意思是_____。

        a. 做事太慢了，就買不到鞋子。   a. 做事太慢了，就买不到鞋子。

        b. 買鞋最好的辦法是用鞋樣子。   b. 买鞋最好的办法是用鞋样子。

        c. 做事要看情況，不要只靠一   c. 做事要看情况，不要只靠一
           種方法。   种方法。

D. Reading authentic material

1. Read the advertisement below and on the next page and answer the following
    questions.

   ___a. This "idol" contest occurs in (1) Taipei (2) Beijing (3) Southern California.

   ___b. If you vote for your idol, you have a chance of winning (1) a CD (2) a car (3)
    an album.

   ___c. This drawing occurs (1) every week (2) every month (3) every three months.

南加的偶像要等你來決定！

請將選票寄到 3070 W. Main St., Alhambra, CA 91801
"偶像爭霸站" 收，還有機會得到CD。

你投偶像，我送CD！
每月抽出10名熱投勇將，送心愛偶像CD
機不可失，趕快行動。

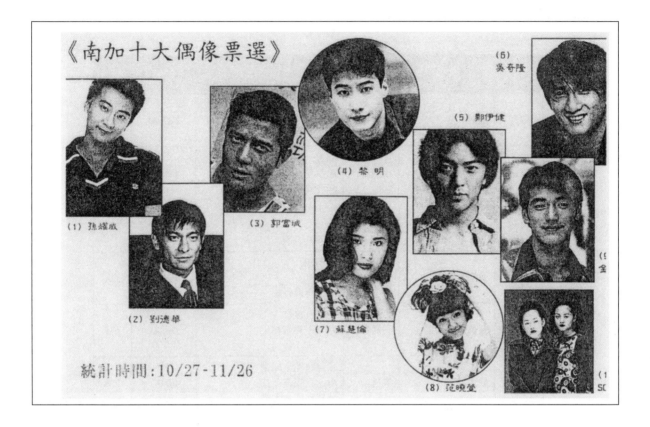

《南加十大偶像票選》

(1) 孫耀威
(2) 劉德華
(3) 郭富城
(4) 黎明
(5) 鄭伊健
(6) 吳奇隆
(7) 蘇慧倫
(8) 范曉萱

統計時間：10/27-11/26

2. Read the advertisement on the next page and answer the following questions.

___a. If you are a fan of Zhang Xueyou, you will probably buy a CD that costs (1) $80 (2) $105 (3) $98.

___b. If you like folk songs, you will probably buy a CD that costs (1) $85 (2) $105 (3) $80.

___c. If you want to listen to the song 北京有個金太陽, you will get a CD entitled (1) 等你等到我心痛 (2) 紅太陽 (3) 東方紅.

C D

出版商	名稱	演唱／演奏者	主要項目	定價	編號
華星	戲劇人生	梅艷芳	女人心 莫問一生 似是故人來	105.00	E11
百代	小明星之歌	小明星	痴雲 風流夢 知音何處	98.00	E12
Wea	天碟#五	群星	你今天要走 她 准我再一次	105.00	E13
Marco Polo	黃河大合唱	上海樂團管弦樂團	黃河頌 東方紅 義勇軍進行曲	85.00	E14
EMI	金曲迴響精選	吳鶯音	我有一段情 明月千里寄相思	98.00	E15
中國唱片	紅太陽	群星	八月桂花遍地開 戰士歌唱東方紅 北京有個金太陽	80.00	E16
百利	中國民歌金曲	群星	阿里山的姑娘 小放牛 洪湖水，浪打浪	80.00	E17
百利	東方紅	群星	西江月 七律·長征 南泥灣	80.00	E18
百利	中國抗戰歌曲選	中央樂團合唱團	前進歌 五月的鮮花 在太行山上	80.00	E1
Hugo	太陽出來喜洋洋	上海楊浦少年藝校	採茶舞曲 楊柳青 月光光	90.00	E2
華星	夢難留	郭富城	夢難留 我愛上了你 等我回來	105.00	E3
Polydor	等你等到我心痛	張學友	愛·火·花 真情流露 吻別	105.00	E4

VI. Writing

A. Complete the following dialogue between you and your friend who is going out on a date tonight and is asking your opinion on how to look her best.

朋友: 我今天晚上要跟_____約會。 我今天晚上要跟_____约会。
應該怎麼打扮比較好? 应该怎么打扮比较好?

你: _____

朋友: 我穿這件紅的衣服怎麼樣? 我穿这件红的衣服怎么样?

你: _____

朋友: 你看這雙鞋子我穿起來好不好 你看这双鞋子我穿起来好不好
看,是現在最流行的樣子。 看,是现在最流行的样子。

你: _____

朋友: 我的頭髮應不應該綁bǎng 'to tie' 起 我的头发应不应该绑 起来?
來?

你: _____

朋友: 我得化妝 huàzhuāng 'to put on makeup' 我得化妆吗?
嗎?

你: _____

朋友: 我這樣夠時髦了吧? 我这样够时髦了吧?

你: _____

朋友: 謝謝你!我明天請你吃飯。 谢谢你!我明天请你吃饭。

B. You are a movie director. Work with a friend to write a story for a movie script 〈電影故事〉. Use the sheet on the following page.

第七課 他到底長什麼樣子？

I. Vocabulary & Characters

A. Choose the right definition for each word.

___ 1. 滿意　　　a. 只會看書，不會玩的人
　　　 满意　　　　 只会看书，不会玩的人

___ 2. 吹牛　　　b. 喝東西、聊天的地方
　　　 吹牛　　　　 喝东西、聊天的地方

_e_ 3. 外號　　　c. 説大話
　　　 外号　　　　 说大话

_a_ 4. 書呆子　　d. 覺得⋯⋯好
　　　 书呆子　　　 觉得⋯⋯好

_b_ 5. 咖啡館　　e. 別的名字
　　　 咖啡馆　　　 别的名字

B. Choose the right answer to complete each sentence.

_b_ 1. 這個小伙子愛_____，所以沒有　　这个小伙子爱_____，所以没有
　　　 人相信他。　　　　　　　　　　 人相信他。
　　　 a. 上當　　　c. 吵架　　　　　a. 上当　　　c. 吵架
　　　 b. 吹牛　　　d. 享受　　　　　b. 吹牛　　　d. 享受

___ 2. 那個姑娘又聰明又漂亮，_____　那个姑娘又聪明又漂亮，_____
　　　 你沒見到她。　　　　　　　　　 你没见到她。
　　　 a. 可笑　　　c. 可惜　　　　　a. 可笑　　　c. 可惜
　　　 b. 可怕　　　d. 可愛　　　　　b. 可怕　　　d. 可爱

___ 3. 你對美國的大學生活一定很　　你对美国的大学生活一定很
　　　 ____，聽説你一切都很順利。　 ____，听说你一切都很顺利。
　　　 a. 緊張　　　c. 失望　　　　　a. 紧张　　　c. 失望
　　　 b. 討厭　　　d. 滿意　　　　　b. 讨厌　　　d. 满意

___　4.　他們倆的感情不太好，_____ 整天吵架。
　　　　a.　竟然　　　c.　居然
　　　　b.　奇怪　　　d.　難怪

他们俩的感情不太好，_____ 整天吵架。
　　　a.　竟然　　　c.　居然
　　　b.　奇怪　　　d.　难怪

_b_　5.　朋友本來就應該_____幫忙。
　　　　a.　到底　　　c.　相反
　　　　(b.)　互相　　　d.　對面

朋友本来就应该_____帮忙。
　　　a.　到底　　　c.　相反
　　　b.　互相　　　d.　对面

_a_　6.　他戴了眼鏡，所以我_____就認 出他來。
　　　　(a.)　一下子　　c.　要命
　　　　b.　半天　　　d.　拼命

他戴了眼镜，所以我_____就认 出他来。
　　　a.　一下子　　c.　要命
　　　b.　半天　　　d.　拼命

C.　Choose the appropriate words to complete the following paragraph.

| a. 猜到　b. 感情 c. 毛病 d. 可愛 e. 幽默 f. 研究生 g. 竟然 h. 說來話長 i 老 |
| 可爱　　　　　　　　　　　　　　　　 说来话长 |

　　你問我，我長得這麼可愛₁，為什麼沒人要？哎！_____₂，三年前我認識了一個小伙子，他是個_____₃，很聰明、也很帥。我們倆的感情₄不錯，每天都會一起去公園跑步，可是有一天他_____₅說也沒說就走了，聽說他去中國留學。他把我介紹給他的好朋友——李明。這個人很_____₆，可是_____₇也不少，最大的問題是他太愛吃了，和他在一起，_____₈讓我覺得很緊張。我怕，我怕，有一天他會吃了我。_____₉了沒有？我是

　　你问我，我长得这么_____₁，为什么没人要？哎！_____₂，三年前我认识了一个小伙子，他是个_____₃，很聪明、也很帅。我们俩的_____₄不错，每天都会一起去公园跑步，可是有一天他_____₅说也没说就走了，听说他去中国留学。他把我介绍给他的好朋友——李明。这个人很_____₆，可是_____₇也不少，最大的问题是他太爱吃了，和他在一起，_____₈让我觉得很紧张。我怕，我怕，有一天他会吃了我。_____₉了没有？我是

一又圓又胖的北京狗！　　　　　　　　　一只又圓又胖的北京狗！

D. Find the five incorrect characters in the following sentences and write the correct characters in the spaces provided.

這個小伙子很總明，長得又師，可　　　这个小伙子很总明，长得又师，可
錯，戴了很厚的眼睛，要不然喜歡　　　错，戴了很厚的眼睛，要不然喜欢
他的故娘一定很多。　　　　　　　　　他的故娘一定很多。

1.＿＿＿＿＿2.＿＿＿＿＿3.＿＿＿＿＿4.＿＿＿＿＿5.＿＿＿＿＿

II. Grammar

Supply an appropriate question or answer using the patterns provided.

1. Asking for definitive information

S到底QW（呢）	…dàodǐ…(ne)	actually…?

1.
_____

我沒有什麼心事。　　　　　　　　我没有什么心事。

2. 我很想跟你去看那個片子，可是　　我很想跟你去看那个片子，可是
　　我有很多功課沒做完……　　　　　我有很多功课没做完……

_____

3. 我想去申請那個工作，又有點兒　　我想去申请那个工作，又有点儿
　　怕工作太重。　　　　　　　　　　怕工作太重。

_____

2. Expressing one's impression

A對B的印象Adj	…duì… de yìnxiàng…	A's impression of B is…
A對B有Adj的印象	…duì …yǒu…de yìnxiàng	A has a …impression of B
B給A留下了Adj的印象	…gěi …liúxiàle…de yìnxiàng	B leaves A with a…impression

1. 你去過哪些地方？哪兒給你留下　　你去过哪些地方？哪儿给你留下
　　最好的印象？　　　　　　　　　　最好的印象？

2. 你對誰的印象很好？爲什麼？　　你对谁的印象很好？为什么？

3. 你對哪個地方有不好的印象？爲　　你对哪个地方有不好的印象？为什
什麼？　　　　　　　　　　　　么？

3. Indicating something contrary to expectation or common sense

S竟然(不/沒)V	…jìngrán (bù/méi)…	unexpectedly; surprisingly

1. 我學了一年半的中文。　　　　　我学了一年半的中文。

2. 他們就是我的孩子。　　　　　　他们就是我的孩子。

3. 我的電話號碼 hàomǎ 'number' 是幾　我的电话号码是几号？
號？

4. Expressing a change of state

S V(不)出(O)來	…(bù) chū…lái	S (cannot) V out (O)
S （沒)V出(O)來	(méi)…chū…lái	S (didn't) V out (O)

1. 她打扮得像個明星一樣。(Don't you　她打扮得象个明星一样。
recognize her?)

以不出他來

2. 你竟然能跟她約會，是誰幫你想　你竟然能跟她约会，是谁帮你想出
出這麼好的辦法來的？　　　　　这么好的办法来的？

3. 他從書包shūbāo裏拿出些什麼來？   他从书包里拿出些什么来？

---

5. Expressing a regrettable condition

…要不然S也/就…	…yàobùrán…yě/jiù…	If it were not for a regrettable condition, one would otherwise do something else.
…要不S也/就…	…yàobù…yě/jiù…	
…不然S也/就…	…bùrán…yě/jiù…	

1. 我沒吃過糖醋tángcù 'sweet and sour' 排骨，不知道好不好吃。   我没吃过糖醋排骨，不知道好不好吃。

---

2. 這件衣服很漂亮，你覺得怎麼樣？   这件衣服很漂亮，你觉得怎么样？

---

3. 你很會討價還價，跟我出去買東西吧！   你很会讨价还价，跟我出去买东西吧！

---

6. Expressing a sudden realization

難怪/怪不得S…	nánguài/guàibude …	No wonder...

1. 他去了中國一年。   他去了中国一年。

---

2. 我在中國的時候，每天都去飯館大吃大喝。   我在中国的时候，每天都去饭馆大吃大喝。

---

3. 他每天鍛鍊一小時。   他每天锻炼一小时。

III. Listening

Listen to each passage and answer the following questions.

Part 1 ___ 1. The speaker
    a. is too busy to write a paper.
    b. is too busy to go to a café with her friend.
    c. is so busy that she can't finish reading the book.
    d. was busy but still went to the café with her friend.

Part 2 ___ 2. Before going to China, the speaker
    a. thought that most Chinese were very reserved.
    b. thought that few Chinese were overweight.
    c. thought that Chinese were very different from Americans.
    d. all of the above

   ___ 3. After going to China, the speaker
    a. didn't see as many overweight people as he'd expected.
    b. was surprised to see many overweight kids.
    c. discovered that some Chinese are very imaginative.
    d. none of the above

Part 3 ___ 4. The man
    a. is trying to figure out who is in front of him.
    b. finally figured out what the woman was trying to say.
    c. has trouble figuring out a painting.
    d. can't see things clearly because he isn't wearing his glasses.

Part 4 ___ 5. The man
    a. can't go to the dinner because he needs to visit the elderly.
    b. will have a date Friday evening.
    c. will go to the dinner on Saturday because he loves Mapo tofu.
    d. is dating a girl who lives across the street.

Part 5 ___ 6. The man
    a. fell in love with a girl at first sight.
    b. likes this kind of girl very much.
    c. has been everywhere with the girl.
    d. none of the above

   ___ 7. Judging from the conversation, the man
    a. has been dating a pretty girl.
    b. loves to drive his sports car.
    c. enjoys going out with his girlfriend.

d.　has been jogging every day and is very pleased with his workout.

Part 6 ___　8.　Which statement is true?

a.　The second woman doesn't like her ex-boyfriend because he plays computer games all day long.

b.　The first woman thinks that her ex-boyfriend is even worse because he is overweight.

c.　The second woman goes out with her new boyfriend on weekends.

d.　The first woman likes to go out with someone who is active and outgoing.

___　9.　Which statement is true?

a.　The second woman is dating a bookworm.

b.　The first woman is dating a bum, though he is tall and handsome.

c.　The first and second women realize that they are dating each other's ex-boyfriends.

d.　The first and second women are possibly dating the same man.

IV. Speaking

A.　Talk about yourself

Use the following questions as cues.

1.　你有網友或筆友嗎？他/她長什麼樣子？

你有网友或笔友吗？他/她长什么样子？

2.　你的父母、哥哥、弟弟、姐姐、妹妹長什麼樣子？

你的父母、哥哥、弟弟、姐姐、妹妹长什么样子？

3.　你和人約會的時候，喜歡上哪兒去？爲什麼？

你和人约会的时候，喜欢上哪儿去？为什么？

4.　你和人約會的時候，遲到過嗎？你怎麼辦？說說事情的經過。

你和人约会的时候，迟到过吗？你怎么办？说说事情的经过。

5.　什麼事會讓你很緊張？緊張的時候，你怎麼辦？

什么事会让你很紧张？紧张的时候，你怎么办？

6.　你有沒有外號或小名？什麼外號？爲什麼有這個外號？

你有没有外号或小名？什么外号？为什么有这个外号？

7.　你有沒有什麼不好意思的經驗？請說一下。

你有没有什么不好意思的经验？请说一下。

8. 你認識的人裏，有人愛吹牛嗎？   你认识的人里，有人爱吹牛吗？
    他/她常吹什麼？   他/她常吹什么？

B. I look like...
    You are arranging to meet someone you don't know. Describe yourself to each other over
    the phone. Role-play this with your classmate using the following cues.

你	他/她
1.　長得很高、矮、不高不矮，有…… 尺……寸	长得很高、矮、不高不矮，有…… 尺……寸
2.　臉長長、圓圓、方方的	脸长长、圆圆、方方的
3.　頭髮很長、很短、不長不短 頭髮是金色、紅色、咖啡色的	头发很长、很短、不长不短 头发是金色、红色、咖啡色的
4.　戴眼鏡、帽子、手錶shǒubiǎo 'watch' 穿……樣子的衣服	戴眼镜、帽子、手表 穿……样子的衣服
5.　手上拿……	手上拿……

C. We are so different.
    Describe the personality/looks of a close friend or one of your family members. Compare
    his/her personality to your own.

V. Reading

A. Reading a text
    Check your comprehension of the lesson text by deciding which statement is correct.

___ 1. 美英_____。   美英_____。
      a. 對王華的約會很失望。   a. 对王华的约会很失望。
      b. 已經很清楚王華約會的經過。 b. 已经很清楚王华约会的经过。
      c. 對王華的約會很感興趣。   c. 对王华的约会很感兴趣。
      d. 根本不想管王華的閒事。   d. 根本不想管王华的闲事。

___ 2. 王華約會那天_____。   王华约会那天_____。
      a. 太緊張，所以晚到了。   a. 太紧张，所以晚到了。
      b. 睡不好，所以早到了。   b. 睡不好，所以早到了。

c. 忙著打扮，所以晚到半個小時。

d. 太緊張，所以早到了。

___ 3. 約會那天，王華_____。

a. 遇到一個她最討厭的中學老師。

b. 沒想到會遇到她的小學同學。

c. 見到一個老同學，她開始的時候沒認出來。

d. 見到一個賣田雞的小販。

___ 4. 王華遇到的那個人_____。

a. 很喜歡做研究。

b. 很喜歡開玩笑。

c. 戴了很厚的眼鏡。

d. 上面都對。

___ 5. 王華認為自己的網友_____。

a. 又聰明又幽默。

b. 是個書呆子。

c. 愛吹牛。

d. 毛病很多。

___ 6. 王華發現_____。

a. 自己的老同學變了。

b. 自己瘦了很多。

c. 自己比老同學瘦得多。

d. 老同學就是自己的網友。

B. Reading a journal

Read the journal passage below and answer the following questions.

大牛的日記
十月二十六日 星期五 多雲

c. 忙着打扮，所以晚到半个小时。

d. 太紧张，所以早到了。

约会那天，王华_____。

a. 遇到一个她最讨厌的中学老师。

b. 没想到会遇到她的小学同学。

c. 见到一个老同学，她开始的时候没认出来。

d. 见到一个卖田鸡的小贩。

王华遇到的那个人_____。

a. 很喜欢做研究。

b. 很喜欢开玩笑。

c. 戴了很厚的眼镜。

d. 上面都对。

王华认为自己的网友_____。

a. 又聪明又幽默。

b. 是个书呆子。

c. 爱吹牛。

d. 毛病很多。

王华发现_____。

a. 自己的老同学变了。

b. 自己瘦了很多。

c. 自己比老同学瘦得多。

d. 老同学就是自己的网友。

大牛的日记
十月二十六日 星期五 多云

今天眞有意思，居然在咖啡館裏遇到了「排骨」，而且她就是那個我一直想和她見面的「網友」，多有意思啊！我們在網上談戀愛談了兩個多月，幾乎什麼都聊，跟老朋友一樣，原來她就是我的老朋友。

這麼多年沒見，她還是那麼可愛，還是那樣喜歡開玩笑。最可笑的是，她居然說她的「對象又聰明又幽默」。這是我第一次聽到她這麼說我，眞讓我高興。不過那時她還不知道我就是「他」。我猜她後來一定覺得很不好意思。希望她對我的印象還可以，不要覺得我是個書呆子。我眼鏡雖然厚，看得卻很清楚，心裏也很明白……她就是我要找的那個姑娘！

___ 1. 大牛沒想到_____。
    a. 他的網友就是「排骨」。
    b. 「排骨」變了這麼多。
    c. 「排骨」是個土包子。
    d. 「排骨」這麼時髦。

___ 2. 大牛很開心因爲_____。
    a. 有機會跟老朋友聊天。
    b. 有機會吹吹牛。

今天真有意思，居然在咖啡館里遇到了"排骨"，而且她就是那個我一直想和她見面的"网友"，多有意思啊！我們在网上談恋爱談了兩个多月，几乎什么都聊，跟老朋友一样，原來她就是我的老朋友。

这么多年没見，她还是那么可爱，还是那样喜欢开玩笑。最可笑的是，她居然说她的"对象又聪明又幽默"。这是我第一次听到她这么说我，真让我高兴。不过那时她还不知道我就是"他"。我猜她后来一定觉得很不好意思。希望她对我的印象还可以，不要觉得我是个书呆子。我眼镜虽然厚，看得却很清楚，心里也很明白……她就是我要找的那个姑娘！

大牛没想到_____。
a. 他的网友就是"排骨"。
b. "排骨"变了这么多。
c. "排骨"是个土包子。
d. "排骨"这么时髦。

大牛很开心因为_____。
a. 有机会跟老朋友聊天。
b. 有机会吹吹牛。

c. 聽到王華說他好。

c. 听到王华说他好。

d. 能和王華開玩笑。

d. 能和王华开玩笑。

___ 3. 大牛_____。

大牛_____。

a. 覺得王華喜歡書呆子。

a. 觉得王华喜欢书呆子。

b. 認爲戴眼鏡不好。

b. 认为戴眼镜不好。

c. 很羨慕王華不必戴眼鏡。

c. 很羡慕王华不必戴眼镜。

d. 上面都不對。

d. 上面都不对。

___ 4. 大牛很清楚_____。

大牛很清楚_____。

a. 他想再和王華約會。

a. 他想再和王华约会。

b. 王華不會和他談戀愛。

b. 王华不会和他谈恋爱。

c. 王華對自己沒有好感。

c. 王华对自己没有好感。

d. 王華會再和他約會。

d. 王华会再和他约会。

C. Reading a story

The following is a story about a "Chinese Valentine." Read it and indicate whether the statements below are true or false.

牛郎[1]織女[2]
Niúláng Zhīnǚ

牛郎[1]织女[2]
Niúláng Zhīnǚ

從前有一個孩子，父母都死了，跟著哥哥[3]嫂子[4]過日子。他們對他很不好，白天讓他去放牛[5]，晚上叫他和牛睡在一起。他沒有名字，大家就叫他牛郎。他長大[6]以後，哥嫂對他更不好了，有一天終於把他趕走[7]了。

牛郎帶著牛自己生活。一天，老牛告訴他：「明天有七個仙女[8]會來樹林[9]的湖[10]裏洗澡，你拿一個仙女的衣服躲起來，她就是你的妻子

从前有一个孩子，父母都死了，跟着哥哥[3]嫂子[4]过日子。他们对他很不好，白天让他去放牛[5]，晚上叫他和牛睡在一起。他没有名字，大家就叫他牛郎。他长大[6]以后，哥嫂对他更不好了，有一天终于把他赶走[7]了。

牛郎带着牛自己生活。一天，老牛告诉他："明天有七个仙女[8]会来树林[9]的湖[10]里洗澡，你拿一个仙女的衣服躲起来，她就是你的妻子

了。」原來那個姑娘是王母娘娘[11]
的外孫女[12]，很會織布[13]，叫織女。
果然織女找不到衣服，回不了天
上，就和牛郎結婚[14]了。一天老牛對
牛郎説：「我快死了，不能再幫你
的忙了，把我的皮留[15]著，有什麼
事，就披[16]上吧！」

　　過了三年，王母娘娘找到了織
女，很生氣，把她帶回了天上。那時
牛郎就披上了牛皮，飛上天去追[17]
她，可是追不到──他的面前出現了
一條大河，這就是銀河[18]。以後他
們變成了銀河左右的兩顆[19]星，只能
在每年的七月七日見一次面。

了。"原来那个姑娘是王母娘娘[11]
的外孙女[12]，很会织布[13]，叫织女。
果然织女找不到衣服，回不了天
上，就和牛郎结婚[14]了。一天老牛对
牛郎说："我快死了，不能再帮你
的忙了，把我的皮留[15]着，有什么
事，就披[16]上吧！"

　　过了三年，王母娘娘找到了织
女，很生气，把她带回了天上。那
时牛郎就披上了牛皮，飞上天去追[17]
她，可是追不到──他的面前出现
了一条大河，这就是银河[18]。以后他
们变成了银河左右的两颗[19]星，只能
在每年的七月七日见一次面。

1.	牛郎		Niúláng	name of a boy	11.	王母娘娘		Wángmǔ Niángniang	a goddess
2.	織女	织女	Zhīnǚ	name of a fairy	12.	外孫女	外孙女	wàisūnnǚ	daughter's daughter
3.	哥哥		gēge	elder brother	13.	織布	织布	zhībù	to weave cloth
4.	嫂子		sǎozi	elder brother's wife	14.	結婚	结婚	jiéhūn	to marry
5.	放牛		fàngniú	to herd cattle	15.	留		liú	to keep
6.	長大	长大	zhǎngdà	to grow up	16.	披		pī	to drape over one's shoulders
7.	趕走	赶走	gǎnzǒu	to drive away	17.	追		zhuī	to run after
8.	仙女		xiānnǚ	celestial female	18.	銀河	银河	Yínhé	the Milky Way
9.	樹林	树林	shùlín	forest	19.	顆	颗	kē	measure word for stars
10.	湖		hú	lake					

T/F	1.	牛郎的爸爸媽媽每天讓他去放牛。	牛郎的爸爸妈妈每天让他去放牛。
T/F	2.	牛郎拿了七個仙女的衣服。	牛郎拿了七个仙女的衣服。
T/F	3.	牛郎常常在樹林裏和女的談戀愛。	牛郎常常在树林里和女的谈恋爱。
T/F	4.	織女後來被帶回天上去。	织女后来被带回天上去。
T/F	5.	傳說天上有兩顆星，一顆是織女星、一顆是牛郎星。	传说天上有两颗星，一颗是织女星、一颗是牛郎星。

D. Reading a joke

Read the joke below and answer the following question.

吹牛大王[1]

甲乙兩個人很喜歡吹牛。有一天，甲在街上遇到乙，兩個人又開始討論誰更會吹牛。

甲說我家有一個鼓[2]，打下去聲音特別響，甚至一百里[3]外的人都聽得到。

乙說我家有一條牛，它非常大，站在外面，連月球上的太空人都看得見它。

甲聽了說：「哪兒有那麼大的牛啊？」乙說：「沒有那麼大的牛，怎麼會有那麼大的牛皮[4]，去做你的大鼓呢？」

吹牛大王[1]

甲乙两个人很喜欢吹牛。有一天，甲在街上遇到乙，两个人又开始讨论谁更会吹牛。

甲说我家有一个鼓[2]，打下去声音特别响，甚至一百里[3]外的人都听得到。

乙说我家有一条牛，它非常大，站在外面，连月球上的太空人都看得见它。

甲听了说："哪儿有那么大的牛啊？"乙说："没有那么大的牛，怎么会有那么大的牛皮[4]，去做你的大鼓呢？"

| 1. | 大王 | dàwáng | king, master | 3. | 里 | lǐ | ½ kilometer |
| 2. | 鼓 | gǔ | drum | 4. | 牛皮 | niúpí | ox's skin |

_____ 1. 你覺得誰更會吹牛？　　　　　　你觉得谁更会吹牛？

E. Reading authentic material

1. Read the advertisement on the next page and answer the following questions.

_____a. This ad is about (1) a shopping contest (2) a wooing contest (3) a speech contest.

_____b. The contest is conducted (1) on Feb. 14 (2) during the Mid-Autumn Festival (3) online.

_____c. Those who win the contest can get (1) a pair of earrings (2) a bracelet (3) a necklace.

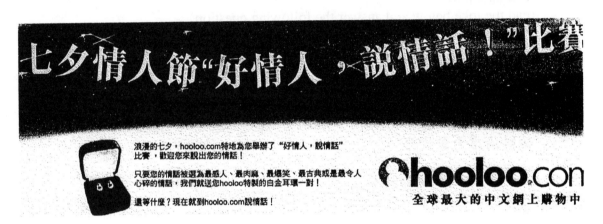

2. Read the advertisement on the next page and answer the following questions.

_____a. This company has stores in (1) the U.S. (2) Taiwan (3) both 1 and 2.

_____b. The stores are renowned for their (1) efficiency in providing new glasses (2) beautiful frames (3) super-thin and anti-scratch lenses.

_____c. The headquarters of this company is in (1) Europe (2) Taiwan (3) the U.S.

VI. Writing

A. Complete the following dialogue between you and a friend whom you haven't seen for ten years.

朋友：　你不是_____嗎？　　你不是_____吗？

你：　_____

朋友：　你一點兒也沒變！　　　　　　你一点儿也没变！

你：　_____

朋友：　現在在做什麼？　　　　　　　现在在做什么？

你：　_____

朋友： 什麼？你有三個孩子了嗎？　　　什么？你有三个孩子了吗？

你： _____

朋友： 他們長得很可愛。　　　　　　他们长得很可爱。

你： _____

朋友： 你是怎麼認識你太太的？　　　你是怎么认识你太太的？

你： _____

朋友： 你知道嗎？我們班的土包子居然　你知道吗？我们班的土包子居然
做了明星！　　　　　　　　　　做了明星！

你： _____

朋友： 你要是去演戲，今天也是個名人　你要是去演戏，今天也是个名
míngrén 'celebrity'。　　　　　　人。

B. Write about something or someone unusual, the best…, the worst…, the most…, the least…, etc.

C. Can you remember your first date? Have you ever been in an embarrassing situation? Write about it using the sheet provided on the next page: 〈第一次約會〉、〈真不好意思〉

✎ **My questions:**

第八課 你説你愛上了誰？

I. Vocabulary & Characters

A. Choose the right answer to complete each sentence.

___ 1. 他現在沒有收入，又沒有自己的　　　他现在没有收入，又没有自己的
　　　房子，我_____你跟他在一起。　　　房子，我_____你跟他在一起。
　　　a. 勸　　　　c. 同意　　　　　a. 劝　　　　c. 同意
　　　b. 反對　　　d. 嫌　　　　　　b. 反对　　　d. 嫌

___ 2. 很多女人在工作上_____歧視。　　　很多女人在工作上_____歧视。
　　　a. 收到　　　c. 受到　　　　　a. 收到　　　c. 受到
　　　b. 接受　　　d. 猜到　　　　　b. 接受　　　d. 猜到

___ 3. 那個醫生的收入在這裏_____是　　　那个医生的收入在这里_____是
　　　最高的。　　　　　　　　　　　最高的。
　　　a. 算　　　　c. 改　　　　　　a. 算　　　　c. 改
　　　b. 並　　　　d. 認　　　　　　b. 并　　　　d. 认

___ 4. 他們不能_____困難，所以分　　　他们不能_____困难，所以分
　　　手了。　　　　　　　　　　　　手了。
　　　a. 提醒　　　c. 遇到　　　　　a. 提醒　　　c. 遇到
　　　b. 克服　　　d. 注意　　　　　b. 克服　　　d. 注意

___ 5. 他和父母之間有很大的_____。　　　他和父母之间有很大的_____。
　　　a. 觀念　　　c. 代溝　　　　　a. 观念　　　c. 代沟
　　　b. 看法　　　d. 影響　　　　　b. 看法　　　d. 影响

___ 6. 他因為那裏的_____不好，所以　　　他因为那里的_____不好，所以
　　　不去那裏上大學。　　　　　　　不去那里上大学。
　　　a. 經過　　　c. 偏見　　　　　a. 经过　　　c. 偏见
　　　b. 原因　　　d. 條件　　　　　b. 原因　　　d. 条件

B. Choose the most appropriate responses to the following statements.

___ 1. 你看到小李和一個人吵架，你 　a. 千萬別忘了！
　　　對小李説……
　　　你看到小李和一个人吵架，你 　　　千万别忘了！
　　　对小李说……

___ 2. 一個學生平時不太努力，明天 　b. 愛不應該講條件。
　　　要考試了，他對自己説……
　　　一个学生平时不太努力，明天 　　　爱不应该讲条件。
　　　要考试了，他对自己说……

___ 3. 王華嫌你太囉嗦，你説…… 　c. 你能少説兩句，就少説兩句。
　　　王华嫌你太罗嗦，你说…… 　　　你能少说两句，就少说两句。

___ 4. 你要提醒你的同屋買蛋糕回 　d. 我非努力不可。
　　　來，你説……
　　　你要提醒你的同屋买蛋糕回 　　　我非努力不可。
　　　来，你说……

___ 5. 你的朋友認爲現在的男朋友收 　e. 我是爲你好。
　　　入不夠高，想找個新的男朋
　　　友，你説……
　　　你的朋友认为现在的男朋友收 　　　我是为你好。
　　　入不够高，想找个新的男朋
　　　友，你说……

C. Choose the appropriate words to complete the following paragraph.

a. 偏見	b. 看法	c. 華裔	d. 歧視	e. 相反	f. 影響	g. 印象	h. 眼鏡	i 離婚
偏见		華裔	歧视		影响		眼镜	离婚

　　有人以爲美國_____₁的問題特
別多，其實只要有人的地方，就有
這個問題。每個人因爲家庭、社
會、文化背景的_____₂，對事情都
有一定的_____₃。這些想法可能只

　　有人以为美国_____₁的问题特
别多，其实只要有人的地方，就有
这个问题。每个人因为家庭、社
会、文化背景的_____₂，对事情都
有一定的_____₃。这些想法可能只

是一般的_____₄，不一定對，但是時間長了，這種想法就成了_____₅，很難改。比方說，有些白人覺得_____₆對電腦都很感興趣、都很有錢、都不太會開車。_____₇地，有些中國人覺得洋人特別愛花錢、很會享受、男女朋友多、容易_____₈。有了偏見，就像戴了有色 yǒusè 'colored' 的_____₉一樣，不管外面的一切多美，你看到的都只有一種顏色 yánsè 'color'。除非你願意 yuànyì 'willing' 把你的「眼鏡」拿下來，否則你根本不能真的了解自然的美和好。

是一般的_____₄，不一定对，但是时间长了，这种想法就成了_____₅，很难改。比方说，有些白人觉得_____₆对电脑都很感兴趣、都很有钱、都不太会开车。_____₇地，有些中国人觉得洋人特别爱花钱、很会享受、男女朋友多、容易_____₈。有了偏见，就象戴了有色的_____₉一样，不管外面的一切多美，你看到的都只有一种颜色。除非你愿意把你的"眼镜"拿下来，否则你根本不能真的了解自然的美和好。

D. Choose the right characters to complete each sentence.

___ 1. 我____你少讓孩子看電視，因為電視對人的____太大。
　　　 a. 觀、印象　　c. 全、音箱
　　　 b. 勸、影響　　d. 歡、影像

我____你少让孩子看电视，因为电视对人的____太大。
　　　 a. 观、印象　　c. 全、音箱
　　　 b. 劝、影响　　d. 欢、影象

___ 2. 他的文____水平不高，所以___到別人的歧視。
　　　 a. 花、守　　c. 代、叫
　　　 b. 划、收　　d. 化、受

他的文____水平不高，所以___到别人的歧视。
　　　 a. 花、守　　c. 代、叫
　　　 b. 划、收　　d. 化、受

___ 3. 他們雖然經濟上有____難，生活還是很____福。
　　　 a. 因、辛　　c. 回、音
　　　 b. 困、幸　　d. 因、星

他们虽然经济上有____难，生活还是很____福。
　　　 a. 因、辛　　c. 回、音
　　　 b. 困、幸　　d. 因、星

___ 4. 我和父母有很大的代____，我覺　我和父母有很大的代____，我觉
　　　得他們對白人有___見。　　　　得他们对白人有___见。

　　　a. 溝、偏　　c. 購、篇　　　a. 沟、偏　　c. 购、篇

　　　b. 講、遍　　d. 構、論　　　b. 讲、遍　　d. 构、论

II. Grammar

Answer the following questions using the patterns provided.

1. Expressing the capacity to act

能少…，就少	néng shǎo…, jiù shǎo…	if one can avoid…then don't…
能不…，就不	néng bù…, jiù bù…	
能V…，就V	néng…, jiù…	if one can possibly V…then V

1. 醫生説我的身體不好。　　　　　医生说我的身体不好。

_____

2. 電視看太多，對你的眼睛不好。　电视看太多，对你的眼睛不好。

_____

3. 中文課上能説英文嗎？　　　　　中文课上能说英文吗？

_____

2. Expressing necessity or obligation with double negation

S非(要/得)VO不可　fēi (yào/děi)…bùkě	S absolutely must VO

1. 他這個人挑剔嗎？　　　　　　　他这个人挑剔吗？

_____

2. 別做功課了，咱們出去走走。　　别做功课了，咱们出去走走。

_____

3. 學中文得吃這麼多苦，別學了！　学中文得吃这么多苦，别学了！

_____

3. Introducing an additional reason

reason 1, (2, 3, ...), 再説 ...zàishuō... another reason	moreover; furthermore

1. 爲什麼你不把這件事告訴你的父母？

   为什么你不把这件事告诉你的父母？

   _____

2. 你爲什麼不想學醫？

   你为什么不想学医？

   _____

3. 爲什麼你的父母反對你去中國留學？

   为什么你的父母反对你去中国留学？

   _____

4. Expressing the reason one dislikes something

A嫌B sth. negative ...xián...	A dislikes/minds/complains of B...

1. 你爲什麼不喜歡住城裏？

   你为什么不喜欢住城里？

   _____

2. 你的父母爲什麼不喜歡你跟他在一起？

   你的父母为什么不喜欢你跟他在一起？

   _____

3. 你們覺得這裏的天氣怎麼樣？

   你们觉得这里的天气怎么样？

   _____

5. Expressing the impact of something

A受到（B的）歧視	...shòudào (...de) qíshì	A is discriminated against by B
A受到（B的）影響	...shòudào (...de) yǐngxiǎng	A is influenced by B
A受到（B的）歡迎	...shòudào (...de) huānyíng	A is welcomed by B

1. 在這兒什麼人容易受到別人的歧視？　在这儿什么人容易受到别人的歧视？

_____

2. 你受到誰的影響很大？　你受到谁的影响很大？

_____

3. 什麼樣的電視節目比較容易受到歡迎？　什么样的电视节目比较容易受到欢迎？

_____

6. Expressing an action or feeling for another's sake

A爲B Adj/VO …wèi…	A Adj/VO for the sake of B

1. 誰常常爲你擔心？爲什麼？　谁常常为你担心？为什么？

_____

2. 我幫你寫情書 qíngshū 'love letter' 的話，你能爲我做什麼？　我帮你写情书的话，你能为我做什么？

_____

3. 你覺得誰對你最好？爲什麼？　你觉得谁对你最好？为什么？

_____

III. Listening

Listen to each passage and answer the following questions.

Part 1 ___ 1. The speaker
    a. decided to lose weight.
    b. was advised to drink less wine.
    c. was forced by his doctor to lose weight.
    d. was told to abstain from all kinds of meats.

  ___　2.　The speaker
        a.　knows the real source of his problem.
        b.　thinks that his wife doesn't know how to cook.
        c.　thinks that his wife spends too much money on food.
        d.　doesn't like his wife.

Part 2　___　3.　The man thinks that
        a.　love is all it takes for a marriage to work.
        b.　if a marriage is going to work, there has to be friendship.
        c.　love is more important than friendship.
        d.　married people can be happy without friends.

Part 3　___　4.　The man thinks that Xiao Zhang
        a.　is well-educated but very rude.
        b.　is handsome but not well-educated.
        c.　is despicable.
        d.　none of the above

  ___　5.　The woman
        a.　just had a marriage proposal from Xiao Zhang.
        b.　is about to marry Xiao Zhang.
        c.　just broke up with Xiao Zhang.
        d.　is going to divorce Xiao Zhang.

Part 4　___　6.　The daughter
        a.　thinks a marriage will work if both persons have the same backgrounds.
        b.　thinks love is everything.
        c.　wants to marry someone with a similar background.
        d.　wants to marry someone who is good-natured.

  ___　7.　The father thinks his daughter
        a.　is mature enough to live with a man of a totally different temperament.
        b.　is too young to get married.
        c.　is mature enough to take on the responsibilities of life.
        d.　none of the above

IV. Speaking

A. Talk about yourself
   Use the following questions as cues.

  1.　你結婚了沒有？沒有的話，想結　　你结婚了没有？没有的话，想结
     婚嗎？想什麼時候結婚？想跟什　　婚吗？想什么时候结婚？想跟什
     麼樣的人結婚？爲什麼？你會跟　　么样的人结婚？为什么？你会跟

一個比你大／小很多的人結婚 嗎？會爲了錢結婚嗎？爲什麼？	一个比你大／小很多的人结婚吗？ 会为了钱结婚吗？为什么？
2. 你覺得每個人都應該結婚嗎？爲 什麼？你覺得兩個文化、家庭背 景不同的人應不應該結婚？爲什 麼？	2. 你觉得每个人都应该结婚吗？为 什么？你觉得两个文化、家庭背 景不同的人应不应该结婚？为什 么？
3. 你覺得兩個人在一起，要怎麼樣 才能幸福？爲什麼人要離婚？	3. 你觉得两个人在一起，要怎么样 才能幸福？为什么人要离婚？
4. 你和父母之間有代溝嗎？他們保 守不保守？他們讓你做什麼？不 讓你做什麼？	4. 你和父母之间有代沟吗？他们保 守不保守？他们让你做什么？不 让你做什么？
5. 你受過別人的歧視嗎？什麼樣的 歧視？在哪兒受到歧視？	5. 你受过别人的歧视吗？什么样的 歧视？在哪儿受到歧视？
6. 你想你受得了受不了美英的媽 媽？爲什麼？	6. 你想你受得了受不了美英的妈 妈？为什么？

B. Will you marry me?

You want to ask someone to marry you. Describe all of the things you will/won't do if he/she marries you. Then talk to his/her parents to ask for their permission. Be prepared to answer all the questions they may have for you. Role-play with a classmate using the following cues.

你的男女朋友的父母	你
1. 你念什麼專業？將來打算做什麼？ 你念什么专业？将来打算做什么？	我的專業是……，將來打算…… 我的专业是……，将来打算……
2. 你想找什麼樣的工作？收入怎麼 樣？ 你想找什么样的工作？收入怎么 样？	我想做……工作，收入不高，但 是…… 我想做……工作，收入不高，但 是……
3. 你以後要住在哪兒？有沒有自己的 房子？ 你以后要住在哪儿？有没有自己的 房子？	我想住在……，沒有自己的房子， 不過…… 我想住在……，没有自己的房子， 不过……

4. 你抽煙嗎？喝酒嗎？有沒有什麼不　　　我不抽煙，但是有時候喝一點兒啤
　 好的習慣？　　　　　　　　　　　　酒，還有……

　 你抽烟吗？喝酒吗？有没有什么不　　　我不抽烟，但是有时候喝一点儿啤
　 好的习惯？　　　　　　　　　　　　酒，还有……

5. 你有什麼愛好？　　　　　　　　　　我平常喜歡……

　 你有什么爱好？　　　　　　　　　　我平常喜欢……

6. 你的父母是做什麼的？　　　　　　　我的爸爸是……，媽媽是……

　 你的父母是做什么的？　　　　　　　我的爸爸是……，妈妈是……

C. Dating game show

Your friend has signed you up for a dating game show. You will go on the show blindfolded and be introduced to three men/women. You need to ask them five questions so that you can decide who will be the right match for you. Brainstorm with your friends on these questions and then role-play this situation in class.

V. Reading

A. Reading a text

Check your comprehension of the lesson text by deciding which statement is correct.

___ 1. 美英的媽媽_____。　　　　　美英的妈妈_____。
　　　　 a. 早就認識小高。　　　　　　　 a. 早就认识小高。
　　　　 b. 向來不讓美英和洋人約會。　　 b. 向来不让美英和洋人约会。
　　　　 c. 平時就很囉嗦。　　　　　　　 c. 平时就很罗嗦。
　　　　 d. 昨天才知道美英談戀愛的事。　 d. 昨天才知道美英谈恋爱的事。

___ 2. 美英的媽媽認為_____。　　　　美英的妈妈认为_____。
　　　　 a. 文化背景不同的人也能結婚。　 a. 文化背景不同的人也能结婚。
　　　　 b. 家庭背景不同的人不能在一　　 b. 家庭背景不同的人不能在一
　　　　　　 起。　　　　　　　　　　　　　 起。
　　　　 c. 洋人沒辦法適應中國人的生活　 c. 洋人没办法适应中国人的生活
　　　　　　 習慣。　　　　　　　　　　　　 习惯。
　　　　 d. 自己沒辦法了解洋人的想法。　 d. 自己没办法了解洋人的想法。

___ 3. 美英的媽媽不希望美英_____。　　美英的妈妈不希望美英_____。
　　　　 a. 將來只有麵包吃，沒有別的。　 a. 將来只有面包吃，没有别的。

miàn bao
11
B hot bread

b. 將來連麵包都沒得吃。 b. 将来连面包都没得吃。

c. 將來過苦日子。   c. 将来过苦日子。

d. 跟小高分手。   d. 跟小高分手。

____ 4. 美英的媽媽認為_____。 美英的妈妈认为_____。

  a. 學醫的比學文的好。 a. 学医的比学文的好。

  b. 學文的華裔也很好。 b. 学文的华裔也很好。

  c. 華裔都應該學醫。   c. 华裔都应该学医。

  d. 學文的收入也不錯。 d. 学文的收入也不错。

____ 5. 美英覺得_____。   美英觉得_____。

  a. 媽媽的觀念不算保守。 a. 妈妈的观念不算保守。

  b. 自己是美國人，而不是中國人。 b. 自己是美国人，而不是中国人。

  c. 自己是中國人，也是美國人。 c. 自己是中国人，也是美国人。

  d. 爸媽歧視別國的移民。 d. 爸妈歧视别国的移民。

____ 6. 美英覺得_____。   美英觉得_____。

  a. 自己和父母完全沒有代溝。 a. 自己和父母完全没有代沟。

  b. 在語言上，小高和爸媽有距離。 b. 在语言上，小高和爸妈有距离。

  c. 經濟上的困難很難克服。 c. 经济上的困难很难克服。

  d. 有愛情就會有幸福的生活。 d. 有爱情就会有幸福的生活。

B. Reading a journal

Read the journal passage below and answer the following questions.

美英爸爸的日記   **美英爸爸的日记**

十一月七日 星期三 小雨 十一月七日 星期三 小雨

  今天孩子的媽和我吵了一架，她嫌我平時只會做好好先生、好好爸爸，從來都不管美英的事，所以女兒今天才會這麼不聽話，居然和一個洋人談起戀愛來。

  她這麼說，實在不對。我也想

  今天孩子的妈和我吵了一架，她嫌我平时只会做好好先生、好好爸爸，从来都不管美英的事，所以女儿今天才会这么不听话，居然和一个洋人谈起恋爱来。

  她这么说，实在不对。我也想

美英將來過好日子啊！難道我想看到女兒以後離婚嗎？但是像她那樣天天囉嗦有用嗎？孩子長大了，有自己的想法。做父母的，只能在旁邊提醒，不能幫她做決定。再說，如果她將來吃苦，那也是她自己的事，我們沒辦法一生跟著她。

　　我看美英的牛脾氣，也是從她那兒來的。你要她往東，她就要往西；要她往南，她就要往北。不如少說兩句，大家開開心心地過日子！

美英将来过好日子啊！难道我想看到女儿以后离婚吗？但是象她那样天天罗嗦有用吗？孩子长大了，有自己的想法。做父母的，只能在旁边提醒，不能帮她做决定。再说，如果她将来吃苦，那也是她自己的事，我们没办法一生跟着她。

　　我看美英的牛脾气，也是从她那儿来的。你要她往东，她就要往西；要她往南，她就要往北。不如少说两句，大家开开心心地过日子！

___　1.　美英的媽_____。
　　a.　覺得她先生脾氣不好。
　　b.　覺得美英不聽話和爸爸的教法有關係。
　　c.　覺得自己應該多關心美英。
　　d.　從來不和先生吵架。

美英的妈_____。
　　a.　觉得她先生脾气不好。
　　b.　觉得美英不听话和爸爸的教法有关系。
　　c.　觉得自己应该多关心美英。
　　d.　从来不和先生吵架。

___　2.　美英的爸覺得_____。
　　a.　孩子大了，應該學會自己做決定。
　　b.　美英以後一定不會離婚。
　　c.　管孩子應該是媽媽的事。
　　d.　媽媽管美英管得不夠嚴。

美英的爸觉得_____。
　　a.　孩子大了，应该学会自己做决定。
　　b.　美英以后一定不会离婚。
　　c.　管孩子应该是妈妈的事。
　　d.　妈妈管美英管得不够严。

___　3.　美英的爸覺得_____。
　　a.　美英將來不會吃苦。
　　b.　媽媽的話說得太多了。
　　c.　自己的話說得太少了。

美英的爸觉得_____。
　　a.　美英将来不会吃苦。
　　b.　妈妈的话说得太多了。
　　c.　自己的话说得太少了。

d. 無論孩子多大，父母都應該
　　幫他們做決定。

d. 无论孩子多大，父母都应该
　　帮他们做决定。

___　4. 美英的爸覺得＿＿＿＿。

　　a. 美英的脾氣很像自己。

　　b. 媽媽的脾氣很好。

　　c. 美英長得像媽媽。

　　d. 美英的脾氣和媽媽的一樣。

美英的爸觉得＿＿＿＿。

　　a. 美英的脾气很象自己。

　　b. 妈妈的脾气很好。

　　c. 美英长得象妈妈。

　　d. 美英的脾气和妈妈的一样。

___　5. 有「牛脾氣」的人常常＿＿＿。

　　a. 心情不好。

　　b. 受到別人的影響。

　　c. 不聽別人的話。

　　d. 做事很挑剔。

有"牛脾气"的人常常＿＿＿。

　　a. 心情不好。

　　b. 受到别人的影响。

　　c. 不听别人的话。

　　d. 做事很挑剔。

C. Reading a story

Read the story below and answer the following questions.

中國古時候[1]有個人叫王羲之[2]，他的漢字寫得非常好。他是怎麼學好漢字的呢？

他小時候就喜歡練習寫字，七歲的時候就開始跟一位老師學習。他學習非常努力，白天[3]練習、晚上也練習，克服了不少困難。

他十二歲的時候，就開始看很多介紹怎麼寫好漢字的書。他父親說：「你還小，以後再讀這些書吧！」他說：「學習是不能等的，一定要天天寫才能把字寫好。」他不但在紙上練習，甚至連走路或坐

中国古时候[1]有个人叫王羲之[2]，他的汉字写得非常好。他是怎么学好汉字的呢？

他小时候就喜欢练习写字，七岁的时候就开始跟一位老师学习。他学习非常努力，白天[3]练习、晚上也练习，克服了不少困难。

他十二岁的时候，就开始看很多介绍怎么写好汉字的书。他父亲说："你还小，以后再读这些书吧！"他说："学习是不能等的，一定要天天写才能把字写好。"他不但在纸上练习，甚至连走路或坐

車的時候，他也用手在衣服上練習
寫字。時間長了，他的衣服的袖子[4]
都寫破[5]了。

　　王義之後來成了中國最有名的
書法家[6]。

车的时候，他也用手在衣服上练习
写字。时间长了，他的衣服的袖子[4]
都写破[5]了。

　　王義之后来成了中国最有名的
书法家[6]。

1. 古時候 古时候	gǔshíhòu	ancient times	4. 袖子		xiùzi	sleeves
2. 王義之	Wáng Xīzhī	name of a person	5. 破		pò	worn out, broken
3. 白天	báitiān	daytime	6. 書法家 书法家		shūfǎjiā	calligrapher

＿＿＿　1. 王義之＿＿＿＿。
　　a. 小時候只喜歡白天練字。
　　b. 七歲以後就開始自己練字。
　　c. 十二歲以後看了不少書。

　　王義之＿＿＿＿。
　　a. 小时候只喜欢白天练字。
　　b. 七岁以后就开始自己练字。
　　c. 十二岁以后看了不少书。

＿＿＿　2. 他的父親＿＿＿＿。
　　a. 覺得他不夠努力。
　　b. 希望他多克服困難。
　　c. 怕他學習太累了。

　　他的父亲＿＿＿＿。
　　a. 觉得他不够努力。
　　b. 希望他多克服困难。
　　c. 怕他学习太累了。

＿＿＿　3. 王義之以爲＿＿＿＿。
　　a. 只要努力，將來就能把字寫
　　　好。
　　b. 只要多看書，就能把字寫好。
　　c. 無論看多少書，都很難把字寫
　　　好。

　　王義之以为＿＿＿＿。
　　a. 只要努力，将来就能把字写
　　　好。
　　b. 只要多看书，就能把字写好。
　　c. 无论看多少书，都很难把字写
　　　好。

＿＿＿　4. 王義之＿＿＿＿。
　　a. 有空兒的時候，他才練字。
　　b. 只要有機會，他就練字。
　　c. 在家的時候，他才練字。

　　王義之＿＿＿＿。
　　a. 有空儿的时候，他才练字。
　　b. 只要有机会，他就练字。
　　c. 在家的时候，他才练字。

＿＿＿　5. 「他的衣服的袖子都寫破了」的
　　意思是＿＿＿＿。
　　a. 他的衣服不太好。

　　"他的衣服的袖子都写破了"的
　　意思是＿＿＿＿。
　　a. 他的衣服不太好。

b.　他應該在紙上寫字。

c.　他練字非常努力。

b.　他应该在纸上写字。

c.　他练字非常努力。

D.　Reading authentic material

1.　Read the advertisement on the right and answer the following questions.

_____a.　This ad is about (1) a woman looking for a boyfriend (2) a boy looking for a girlfriend (3) none of the above.

_____b.　Thc woman is (1) a graduate student (2) over 30 years old (3) gentle and lovely.

_____c.　The man should (1) be healthy and well-educated (2) have a good income (3) have his own house.

誠徵男友

女，31歲，大畢，美麗賢惠，誠徵30-40歲健康、正職、有學位、有身份、富愛心、人品佳男士，請附照至　　P. O. BOX　　82096 Columbus,　OH 43202

2.　Read the advertisement on the right and answer the following questions.

_____a.　Someone is looking for (1) a retired doctor (2) a U.S. citizen (3) a missing green card.

_____b.　Those who are interested should (1) send a photo first (2) call early in the morning (3) make an appointment to get together.

_____c.　The one who placed this ad is currently (1) in China (2) in the U.S. (3) none of the above.

誠徵男友

女，55歲，中國退休醫生，誠徵美國公民或持綠卡男士爲伴，有意請電 216-321-8801 （ 11：00-6：00）或約見面(現在美探親)

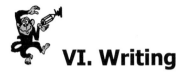

VI. Writing

A. Complete the following conversation between a child and his parents. They are having an argument. Fill in as many details and reasons as possible.

Dad: 你爲什麼頭髮上青一塊、紫一塊的？　你为什么头发上青一块、紫一块的？

Son: _____

Mom: 快去穿別的衣服，這條褲子太大了，你不怕它掉diào'fall'下來嗎？　快去穿别的衣服，这条裤子太大了，你不怕它掉下来吗？

Son: _____

Dad: 還有你手上的刺青cìqīng 'tattoo'，這朵花是什麼意思？難看死了！　还有你手上的刺青，这朵花是什么意思？难看死了!

Son: _____

Mom: 你聽見我們說話了嗎？你的音樂開得太大聲了，這對你的耳朵ěrduō 'ears'很不好。　你听见我们说话了吗？你的音乐开得太大声了，这对你的耳朵很不好。

Son: _____

Dad: 你桌上這張女孩的照片，是從哪兒來的？你才十三歲，怎麼可以交女朋友？　你桌上这张女孩的照片，是从哪儿来的？你才十三岁，怎么可以交女朋友？

Son: _____

Mom: 我聽你的老師說你最近上課都不太注意，功課也有幾次沒交，怎麼了？跟交女朋友有關係嗎？　我听你的老师说你最近上课都不太注意，功课也有几次没交，怎么了？跟交女朋友有关系吗？

Son: _____

_____

B. Write an e-mail message to Meiying's parents from the perspective of Xiao Gao. Ask them to allow you and Meiying to go together.

伯父、伯母：

　　你們好！雖然我們還沒見過面，我相信你們已經從美英那兒知道我這個人了。我給你們寫信，是希望你們多了解我和美英的關係，讓我們有機會在一起。

我是

──────────────────────────────
──────────────────────────────
──────────────────────────────
──────────────────────────────
──────────────────────────────
──────────────────────────────
──────────────────────────────
──────────────────────────────
──────────────────────────────
──────────────────────────────
──────────────────────────────

伯父、伯母：

　　你们好！虽然我们还没见过面，我相信你们已经从美英那儿知道我这个人了。我给你们写信，是希望你们多了解我和美英的关系，让我们有机会在一起。

C. Each generation seems to have their own concerns and preferences. Is there a generation gap between you and your parents? What are the differences between you and your parents, in terms of taste in clothes, music, and food, as well as choice of friends? Write an essay on the theme "my parents and I" 〈我和我的父母〉 using the sheet provided on the next page.

✎ **My questions:**

✎ **My questions:**

第九課　誰不想要一個太太呢？

I. Vocabulary & Characters

A. Choose the right answer to complete each sentence.

___ 1. 因為老師的鼓勵，我才有今天的　　因为老师的鼓励，我才有今天的
　　＿＿＿。　　　　　　　　　　　　＿＿＿。
　　a. 觀念　　　　c. 背景　　　　　a. 观念　　　　c. 背景
　　b. 成就　　　　d. 自由　　　　　b. 成就　　　　d. 自由

___ 2. 有件事我想和你＿＿＿一下，你　　有件事我想和你＿＿＿一下，你
　　有空嗎？　　　　　　　　　　　　有空吗？
　　a. 商量　　　　c. 考慮　　　　　a. 商量　　　　c. 考虑
　　b. 放棄　　　　d. 照顧　　　　　b. 放弃　　　　d. 照顾

___ 3. 他跟人約會從來不付錢，實在太　　他跟人约会从来不付钱，实在太
　　＿＿＿。　　　　　　　　　　　　＿＿＿。
　　a. 挑剔　　　　c. 小氣　　　　　a. 挑剔　　　　c. 小气
　　b. 能幹　　　　d. 男子漢　　　　b. 能干　　　　d. 男子汉

___ 4. 我現在還沒有工作，所以＿＿＿　　我现在还没有工作，所以＿＿＿
　　都在家。　　　　　　　　　　　　都在家。
　　a. 一下子　　　c. 同時　　　　　a. 一下子　　　c. 同时
　　b. 任何　　　　d. 平時　　　　　b. 任何　　　　d. 平时

___ 5. 孩子都＿＿＿父母的鼓勵。　　　孩子都＿＿＿父母的鼓励。
　　a. 爭著　　　　c. 必須　　　　　a. 争著　　　　c. 必须
　　b. 需要　　　　d. 收到　　　　　b. 需要　　　　d. 收到

___ 6. 你＿＿＿真好，居然找到了這麼　　你＿＿＿真好，居然找到了这么
　　好的太太。　　　　　　　　　　　好的太太。
　　a. 事業　　　　c. 運氣　　　　　a. 事业　　　　c. 运气
　　b. 家庭　　　　d. 感情　　　　　b. 家庭　　　　d. 感情

B. Choose the right answer to complete each sentence.

___ 1. 很不願意花錢的人多半很_____。   很不愿意花钱的人多半很_____。
 a. 大方   c. 幽默   a. 大方   c. 幽默
 b. 小氣   d. 好奇   b. 小气   d. 好奇

___ 2. 很會做事的人我們說他很
 _____。

很会做事的人我们说他很
 _____。

 a. 可笑   c. 能幹   a. 可笑   c. 能干
 b. 緊張   d. 輕鬆   b. 紧张   d. 轻松

___ 3. 非常聰明的人一般都很_____。   非常聪明的人一般都很_____。
 a. 溫柔   c. 保守   a. 温柔   c. 保守
 b. 聽話   d. 屬害   b. 听话   d. 厉害

___ 4. 講究吃、穿的人對東西比較___。   讲究吃、穿的人对东西比较___。
 a. 挑剔   c. 清楚   a. 挑剔   c. 清楚
 b. 囉嗦   d. 平等   b. 罗嗦   d. 平等

___ 5. 當你不喜歡一個人的時候，你
 會說他很_____。

当你不喜欢一个人的时候，你
 会说他很_____。

 a. 偉大   c. 可愛   a. 伟大   c. 可爱
 b. 討厭   d. 有趣   b. 讨厌   d. 有趣

C. Choose the appropriate words to complete the following paragraph.

| a. 照顧 | b. 自然 | c. 放棄 | d. 家務 | e. 收入 | f. 男性 | g. 燒 | h. 男子漢 | i 帶 |
| 照顾 | | 放弃 | 家务 | | | 烧 | 男子汉 | 帶 |

三年前我們有了孩子，因爲妻
子的_____₁比我高，工作也更順
利。我決定先_____₂自己的事業，
在家_____₃飯、買菜、洗衣、
_____₄孩子。等孩子大了，再回去
工作。做了「家庭主夫」以後，我

三年前我们有了孩子，因为妻
子的_____₁比我高，工作也更顺
利。我决定先_____₂自己的事业，
在家_____₃饭、买菜、洗衣、
_____₄孩子。等孩子大了，再回去
工作。做了"家庭主夫"以后，我

才發現生活中對_____5的歧視真不少。比方說，我_____6孩子去公園玩的時候，太太們都很_____7地走在一起，討論____8，從來沒有人看我一眼。當孩子跑過來叫我「爸爸」的時候，她們才明白我是「家庭主夫」。有人還奇怪地看著我，好像在問：「你一個____9，為什麼在做女人的事？一定是你有問題吧？」我真想問問她：「女性在工作上有成就的，你們叫她『女強人』，像我這樣在家把孩子帶得很好的男人，你們叫我什麼呢？」

才发现生活中对_____5的歧视真不少。比方说，我_____6孩子去公园玩的时候，太太们都很_____7地走在一起，讨论____8，从来没有人看我一眼。当孩子跑过来叫我"爸爸"的时候，她们才明白我是"家庭主夫"。有人还奇怪地看着我，好象在问："你一个____9，为什么在做女人的事？一定是你有问题吧？"我真想问问她："女性在工作上有成就的，你们叫她'女强人'，象我这样在家把孩子带得很好的男人，你们叫我什么呢？"

D. Choose the right characters to complete each sentence.

___ 1. 那個女的很能____，又要工作，又要照顧家____。　　那个女的很能____，又要工作，又要照顾家____。
　　　a. 乾、廳　　c. 趕、停　　　　a. 干、厅　　c. 赶、停
　　　b. 幹、庭　　d. 感、挺　　　　b. 干、庭　　d. 感、挺

___ 2. 我的父母給我們很多自____，鼓___我們自己做決定。　　我的父母给我们很多自____，鼓___我们自己做决定。
　　　a. 田、屬　　c. 由、勵　　　　a. 田、厉　　c. 由、励
　　　b. 甲、歷　　d. 申、離　　　　b. 甲、历　　d. 申、离

___ 3. 中國人出去吃飯的時候，喜歡____著付錢。　　中国人出去吃饭的时候，喜欢____着付钱。
　　　a. 睜　　　c. 靜　　　　　　a. 睁　　　c. 静
　　　b. 淨　　　d. 爭　　　　　　b. 净　　　d. 争

___ 4. 這個主＿＿很會＿菜。

     a. 福、者   c. 婦、煮

     b. 掃、注   d. 複、著

这个主＿＿很会＿菜。

     a. 福、者   c. 妇、煮

     b. 扫、注   d. 复、着

___ 5. 你的＿＿業是什麼？

     a. 職   c. 織

     b. 識   d. 紙

你的＿＿业是什么？

     a. 职   c. 织

     b. 识   d. 纸

II. Grammar

Answer the following questions using the patterns provided.

1. Expressing a temporal condition

（當）…（的）時（候）	(dāng)…(de) shí(hou)	by the time
（每）當…（的）時（候）	(měi)dāng…(de) shí(hou)	whenever

1. 當你難過的時候，你會做什麼？   当你难过的时候，你会做什么？

_____

2. 當你緊張的時候，你怎麼辦？   当你紧张的时候，你怎么办？

_____

3. 你爲什麼今天不能交報告？   你为什么今天不能交报告？

_____

2. Expressing summation which brings closure to a series

comments1, 2, 3, 總之…	…zǒngzhī…	to sum up; in short; anyway

1. 聽說你在打工，你都幫人做些什麼？   听说你在打工，你都帮人做些什么？

_____

2. 明天我請客，你來吧！喜不喜歡吃雞、鴨、魚、蝦 xiā 'shrimp'？   明天我请客，你来吧！喜不喜欢吃鸡、鸭、鱼、虾？

3. 聽說他是個「中國迷」，他喜歡 　听说他是个"中国迷"，他喜欢
　 中國的音樂、藝術、還是電影？ 　中国的音乐、艺术、还是电影？

3. Expressing the indefinite

任何O (S) 都V	rènhé…dōu…	any, every

1. 他這個人挑剔嗎？ 　　　　　　他这个人挑剔吗？

2. 這個地方誰都可以來嗎？ 　　　这个地方谁都可以来吗？

3. 看起來那個孩子不太聽話。 　　看起来那个孩子不太听话。

4. Expressing a sequence of upcoming events

S（等）V₁（了）（以後）再V₂	(děng)…(le)(yǐhòu) zài…	S does V₂ after V₁

1. 你馬上來吧！ 　　　　　　　你马上来吧！

2. 我能不能跟你商量一件事？ 　　我能不能跟你商量一件事？

3. 請問，小李在家嗎？能不能請他 　请问，小李在家吗？能不能请他
　 來聽電話？ 　　　　　　　来听电话？

5.   Expressing the difficulty of achieving something

好(不)容易才V …hǎo(bù)róngyì cái…	S went through great difficulty before S finally V

1.   中文真難！

中文真难！

2.   這家飯館真受歡迎，来這兒吃飯的人真多！

这家饭馆真受欢迎，来这儿吃饭的人真多！

3.   你爲什麼這麼難過？

你为什么这么难过？

6.   Expressing the reason for doing something

爲了A, B	wèile…, …	In order to A, B…
B是爲了A	…shì wèile…	B is for the cause of A
B爲的是A	…wèideshì…	B is for the cause of A

1.   你爲什麼學中文？

你为什么学中文？

2.   你爲什麼在宿舍的餐廳打工、洗碗？

你为什么在宿舍的餐厅打工、洗碗？

3.   爲了鼓勵學生學習，老師常做什麼？

为了鼓励学生学习，老师常做什么？

III. Listening

Listen to each passage and answer the following questions.

Part 1   ___   1.   The speaker
       a.   can find a job easily, so she gave up the opportunity.
       b.   planned to give up a job for the sake of her children.
       c.   wished she had more time to take care of her children.
       d.   found a job after many attempts, so she won't stay home.

Part 2   ___   2.   The one being discussed
       a.   devotes all his waking hours to work.
       b.   works hard but is not tired at all.
       c.   works long hours but is not very accomplished.
       d.   doesn't work very hard but is quite accomplished.

      ___   3.   This man
       a.   comes home just in time to say goodnight to his children.
       b.   rarely has dinner with his family.
       c.   goes to work before daybreak.
       d.   enjoys family time in the park on weekends.

Part 3   ___   4.   The speaker thinks that
       a.   women work much more than men, but are paid less.
       b.   women can never be successful at work.
       c.   women are unduly criticized no matter what they do.
       d.   women have to behave like men in order to be successful.

      ___   5.   The speaker will probably conclude that
       a.   men and women belittle each other any way they can.
       b.   it's hard to be a woman in a society that places more value on males.
       c.   women are more capable than men.
       d.   women are asking for too much.

Part 4   ___   6.   The man is asking for
       a.   a time to drop by for consultation.
       b.   a date with the woman.
       c.   help with his homework.
       d.   a place to get together for a review.

      ___   7.   The woman
       a.   is available anytime.
       b.   will probably meet with the man next week.
       c.   will spend all her time preparing for an exam.

d.   will meet the man at a café.

Part 5   ___   8.   The man is
a.   looking for a dog.
b.   looking for a wife.
c.   looking for a nurse.
d.   looking for a tutor.

___   9.   The woman
a.   thinks men should not have to do housework.
b.   thinks the man needs to take care of himself.
c.   thinks the man can't find a wife.
d.   thinks the man can't find a good maid.

IV. Speaking

A.   Talk about yourself
Use the following questions as cues.

1.   你要找一個什麼樣的對象？他/她
必須有哪些條件？你希望他/她結
婚以後，能做什麼？不做什麼？

你要找一个什么样的对象？他/她
必须有哪些条件？你希望他/她结
婚以后，能做什么？不做什么？

2.   說一說你自己是個怎麼樣的人。
你覺得別人對你有什麼看法？

说一说你自己是个怎么样的人。
你觉得别人对你有什么看法？

3.   你覺得什麼樣的人是個眞的「男
子漢」。

你觉得什么样的人是个真的"男
子汉"。

4.   在你的國家裏，你覺得男女平等
嗎？爲什麼？

在你的国家里，你觉得男女平等
吗？为什么？

5.   出去約會的時候，你覺得應該男
的付錢還是女的付錢？爲什麼？

出去约会的时候，你觉得应该男
的付钱还是女的付钱？为什么？

6.   你小的時候，幫忙做家務嗎？做
什麼家務？現在呢？

你小的时候，帮忙做家务吗？做
什么家务？现在呢？

7.   你想你會喜歡小李這樣的人嗎？
爲什麼？

你想你会喜欢小李这样的人吗？
为什么？

B. A woman's place

Is it better to be a career woman or a stay-at-home mom? List all the reasons you can think of and have a debate with your classmates using the following cues.

家庭主婦好	職業女性好
1.　孩子需要媽媽的照顧。 　　孩子需要妈妈的照顾。	孩子也需要爸爸的照顧。 孩子也需要爸爸的照顾。
2.　家庭是一生的，職業可以再找。 　　家庭是一生的，职业可以再找。	職業是一生的，孩子很快會長大。 职业是一生的，孩子很快会长大。
3.　帶好孩子是最大的成就。 　　带好孩子是最大的成就。	每個人都需要一份職業，讓自己 感覺有成就。 每个人都需要一份职业，让自己 感觉有成就。
4.　送孩子出去給別人帶，要花很多錢。 　　送孩子出去给别人带，要花很多钱。	一份收入不夠用。 一份收入不够用。
5.　家務需要有人做。 　　家务需要有人做。	可以請人做家務。 可以请人做家务。
6.　家庭比事業重要。 　　家庭比事业重要。	事業和家庭一樣重要。 事业和家庭一样重要。

C. Marriage counseling

You argue all the time with your husband/wife about various problems, e.g., one always straightens things up so that the other doesn't know where anything is; the food is always burned; the TV or car is always broken. So you go to a marriage counselor, a group of your classmates, to discuss your problems. They help you work things out.

V. Reading

A. Reading a text

Check your comprehension of the lesson text by deciding which statement is correct.

____ 1.　下面哪個對？　　　　　　下面哪个对？

　　　a. 李明也找到了他的對象。　a. 李明也找到了他的对象。

　　　b. 美英的對象是個華裔。　　b. 美英的对象是个华裔。

　　　c. 王華到現在還沒有對象。　c. 王华到现在还没有对象。

d. 上面都不對。   d. 上面都不对。

___ 2. 李明有太太的話，_____。   李明有太太的话，_____。
    a. 不要他的太太出去工作。   a. 不要他的太太出去工作。
    b. 要他的太太很會做家務。   b. 要他的太太很会做家务。
    c. 要一個聰明、能幹、屬害的   c. 要一个聪明、能干、厉害的
        太太。   太太。
    d. 要他的太太總是在他身邊。   d. 要他的太太总是在他身边。

___ 3. 李明認爲_____。   李明认为_____。
    a. 家務應該大家一起做。   a. 家务应该大家一起做。
    b. 和太太一起燒飯是一種享受。   b. 和太太一起烧饭是一种享受。
    c. 家裏的事情應該他來決定。   c. 家里的事情应该他来决定。
    d. 自己是有點兒小氣。   d. 自己是有点儿小气。

___ 4. 美英覺得_____。   美英觉得_____。
    a. 「太太」對家庭不太重要。   a. "太太"对家庭不太重要。
    b. 有個好太太也不錯。   b. 有个好太太也不错。
    c. 「太太」就應該洗碗、做家   c. "太太"就应该洗碗、做家
        務。   务。
    d. 做女人很不容易。   d. 做女人很不容易。

___ 5. 美英的媽_____。   美英的妈_____。
    a. 是個職業女性。   a. 是个职业女性。
    b. 是個家庭主婦。   b. 是个家庭主妇。
    c. 有工作但收入不高。   c. 有工作但收入不高。
    d. 既是個家庭主婦，也是個職   d. 既是个家庭主妇，也是个职
        業女性。   业女性。

___ 6. 美英認爲_____。   美英认为_____。
    a. 職業女性比家庭婦女好。   a. 职业女性比家庭妇女好。
    b. 每個女人都應該有兩份工作。   b. 每个女人都应该有两份工作。
    c. 爲了家庭放棄事業的男人不   c   为了家庭放弃事业的男人不
        多。   多。
    d. 「母親」這種工作不容易有   d. "母亲"这种工作不容易有很
        很大的成就。   大的成就。

B. Reading a journal

Read the journal passage below and answer the following questions.

小高的日記

十一月十四日　星期三　晴

　　昨天美英把小李的電子郵件轉寄給我。她説：「你千萬別跟小李學！」她的意思我當然明白。其實，小李説的都是老實話，哪一個男的不希望自己的太太溫柔、能幹、聽話，會做家務、又會賺錢？但是這些只能在心裏想想，不能説出來，要不然，被人罵死了。而且讓人知道了，誰還願意嫁給他？現在講的是男女平等，不，「女男平等」。

　　小李要是回到北京，就會發現北京的女性最想嫁的是「上海男人」。因爲上海男人的觀念是家庭第一，工作第二，自己第三。他們燒飯、做菜、洗碗，忙裏忙外。早上送孩子上學，晚上接孩子回家；星期六早上也不敢睡懶覺，先去市場shìchǎng 'market' 討價還價，再帶孩子出去玩兒；有空的時候，就和太太回娘家niángjiā 'married woman's parents' home'，最後才考慮自己的需要。這

小高的日记

十一月十四日　星期三　晴

　　昨天美英把小李的电子邮件转寄给我。她说："你千万别跟小李学！"她的意思我当然明白。其实，小李说的都是老实话，哪一个男的不希望自己的太太温柔、能干、听话，会做家务、又会赚钱？但是这些只能在心里想想，不能说出来，要不然，被人骂死了。而且让人知道了，谁还愿意嫁给他？现在讲的是男女平等，不，"女男平等"。

　　小李要是回到北京，就会发现北京的女性最想嫁的是"上海男人"。因为上海男人的观念是家庭第一，工作第二，自己第三。他们烧饭、做菜、洗碗，忙里忙外。早上送孩子上学，晚上接孩子回家；星期六早上也不敢睡懒觉，先去市场讨价还价，再带孩子出去玩儿；有空的时候，就和太太回娘家，最后才考虑自己的需要。这样的"幸福家庭"在美国也不多啊！看起

樣的「幸福家庭」在美國也不多　　来，小李和我都得跟上海男人學！

啊！看起來，小李和我都得跟上海

男人學！

___ 1. 美英希望_____。　　　　美英希望_____。
    a. 小高多聽小李的話。　　　　a. 小高多听小李的话。
    b. 小高多鼓勵小李交女朋友。　b. 小高多鼓励小李交女朋友。
    c. 小高像小李一樣幽默。　　　c. 小高象小李一样幽默。
    d. 小高不要像小李那樣討厭。　d. 小高不要象小李那样讨厌。

___ 2. 小高認爲小李_____。　　　小高认为小李_____。
    a. 太老實。　　　　　　　　　a. 太老实。
    b. 很有男女平等的觀念。　　　b. 很有男女平等的观念。
    c. 看不起女性。　　　　　　　c. 看不起女性。
    d. 一定能找到對象。　　　　　d. 一定能找到对象。

___ 3. 小高説北京的女性_____。　小高说北京的女性_____。
    a. 很會燒飯、做菜。　　　　　a. 很会烧饭、做菜。
    b. 更願意嫁上海人。　　　　　b. 更愿意嫁上海人。
    c. 不會照顧孩子。　　　　　　c. 不会照顾孩子。
    d. 喜歡討價還價。　　　　　　d. 喜欢讨价还价。

___ 4. 小高説上海男人_____。　　小高说上海男人_____。
    a. 認爲事業最重要。　　　　　a. 认为事业最重要。
    b. 的家庭都不幸福。　　　　　b. 的家庭都不幸福。
    c. 很多都是「家庭煮夫」。　　c. 很多都是"家庭煮夫"。
    d. 又聰明又厲害。　　　　　　d. 又聪明又厉害。

___ 5. 小高____。　　　　　　　　小高____。
    a. 的觀念不太保守。　　　　　a. 的观念不太保守。
    b. 對上海人有偏見。　　　　　b. 对上海人有偏见。
    c. 要小李考慮搬到上海。　　　c. 要小李考虑搬到上海。
    d. 顧意放棄文學。　　　　　　d. 愿意放弃文学。

C. Reading a story
Read the story below and answer the following questions.

好好先生
hǎohǎoxiānshēng

從前有個人從來不說別人的短處[1]，跟人說話，不管好壞，總是說好。

有一次，他在路上遇到一個熟人[2]。那人問他：「你好嗎？」他說：「好。」又有一次，有個老朋友來見他，很難過地說自己的兒子死了，誰知道這個人居然說：「太好了！」

朋友走了以後，他的妻子對他說：「別人把心裏話說給你聽，你聽到他兒子死了，怎麼能說『太好了』呢？」這個人聽了妻子的話，就說：「好，你說的也很好啊！」以後人們都叫他「好好先生」。

好好先生
hǎohǎoxiānshēng

从前有个人从来不说别人的短处[1]，跟人说话，不管好坏，总是说好。

有一次，他在路上遇到一个熟人[2]。那人问他："你好吗？"他说："好。"又有一次，有个老朋友来见他，很难过地说自己的儿子死了，谁知道这个人居然说："太好了！"

朋友走了以后，他的妻子对他说："别人把心里话说给你听，你听到他儿子死了，怎么能说'太好了'呢？"这个人听了妻子的话，就说："好，你说的也很好啊！"以后人们都叫他"好好先生"。

1. 短處　短处　duǎnchù　shortcoming
2. 熟人　shúrén　acquaintance, friend

___ 1. 好好先生的意思是_____。
a. 一個有成就的先生。
b. 一個不老實的先生。
c. 一個很聽話的先生。
d. 一個怕別人生氣，不敢說實話的先生。

好好先生的意思是_____。
a. 一个有成就的先生。
b. 一个不老实的先生。
c. 一个很听话的先生。
d. 一个怕别人生气，不敢说实话的先生。

D. Reading a joke

Read the joke below and answer the following questions.

小氣鬼

　　從前有一個人，他很有錢，但是卻小氣極了。有一天他把一個酒瓶交給他的佣人[1]說「去買一瓶酒來。」佣人說：「沒有錢，我怎麼去買酒？」主人[2]說：「有錢的話，誰不會買酒？沒有錢能買到酒，那才厲害。」

　　過了一會兒，佣人回來了，他把空瓶子交給主人。他說：「請喝酒吧！」主人看到瓶子是空的，就問：「沒有酒，我怎麼喝？」佣人說：「有酒的話，誰都會喝。沒酒能喝到酒，那才厲害呢！」主人聽了，一句話也說不出來。

小气鬼

　　从前有一个人，他很有钱，但是却小气极了。有一天他把一个酒瓶交给他的用人[1]说"去买一瓶酒来。"用人说："没有钱，我怎么去买酒？"主人[2]说："有钱的话，谁不会买酒？没有钱能买到酒，那才厉害。"

　　过了一会儿，用人回来了，他把空瓶子交给主人。他说："请喝酒吧！"主人看到瓶子是空的，就问："没有酒，我怎么喝？"用人说："有酒的话，谁都会喝。没酒能喝到酒，那才厉害呢！"主人听了，一句话也说不出来。

1. 佣人　用人	yòngrén	servant	2. 主人	zhǔrén	master, host

___ 1. 這個主人＿＿＿＿＿。
   a. 很能幹。
   b. 很大方。
   c. 很挑剔。
   d. 很小氣。

这个主人＿＿＿＿＿。
   a. 很能干。
   b. 很大方。
   c. 很挑剔。
   d. 很小气。

___ 2. 下面哪個是對的？
   a. 這個佣人比主人厲害。
   b. 佣人比主人囉嗦。
   c. 主人比佣人聰明。

下面哪个是对的？
   a. 这个用人比主人厉害。
   b. 用人比主人罗嗦。
   c. 主人比用人聪明。

d. 主人沒有佣人那麼親切。　　　d. 主人没有用人那么亲切。

E. Reading authentic material

1. Read the advertisement on the right and answer the following questions.

＿＿a. Someone is looking for (1) an experienced nanny (2) a young care-taker (3) a housekeeper.

＿＿b. This person should (1) live with the family (2) commute every day (3) call in the evening.

＿＿c. This person should work (1) on the weekend (2) five days a week (3) for at least five months.

誠請保姆

芝加哥市內，誠請有經驗年長保姆照顧5月大嬰孩，一周五天，任住宿或每日往返，近地鐵。夜間電話

773-286-9266

2. Read the advertisement on the right and answer the following questions.

＿＿a. Someone is looking for (1) only a nanny (2) a housekeeper (3) a nanny who can also do housework.

＿＿b. The job requires one to (1) take care of two infants (2) do household chores (3) work seven days a week.

＿＿c. The family provides (1) room and board (2) a good salary (3) both 1 and 2.

徵保姆管家

Wisconsin（威州）Milwaukee 家庭誠請有愛心有經驗保姆照顧小孩及簡單家務，一週六天，供膳宿，待優，請電

262-542-8831

VI. Writing

A. Complete the following dialogue between a wife and husband, who are discussing their evening plans.

先生：　太太，我回來了。　　　　　太太，我回来了。

太太：　_____

先生：　爲什麼又要出去？　　　　　为什么又要出去？

太太：　_____

先生：　我在外面工作了一天，累得要　　我在外面工作了一天，累得要
　　　　命。我只想待在家裏，休息休　　命。我只想待在家里，休息休
　　　　息。吃個飯、看個電視。　　　息。吃个饭、看个电视。

太太：　_____

先生：　什麼？飯還沒做好？你一個下午　　什么？饭还没做好？你一个下
　　　　在家做什麼？　　　　　　　午在家做什么？

太太：　_____

先生：　小明這麼不聽話嗎？　　　　　小明这么不听话吗？

太太：　_____

先生：　好吧！好吧！咱們出去吃飯。今　　好吧！好吧！咱们出去吃饭。
　　　　天晚上媽媽放假，我打工。　　今天晚上妈妈放假，我打工。

太太：　_____

B. Write a letter to a judge and tell him/her why you want a divorce.

我要跟他離婚！他每天都_____，

從來不_____，

也不_____。

而且他還有很多壞習慣，比方說＿＿＿＿＿＿＿＿＿＿＿＿＿＿＿＿＿＿＿＿

＿＿＿＿＿＿＿＿＿＿＿＿＿＿＿＿＿＿＿＿＿＿＿＿＿＿＿＿＿＿＿＿＿＿

我最受不了的是＿＿＿＿＿＿＿＿＿＿＿＿＿＿＿＿＿＿＿＿＿＿＿＿＿＿＿

你知道嗎？有一次他居然＿＿＿＿＿＿＿＿＿＿＿＿＿＿＿＿＿＿＿＿＿＿＿

把我氣死了。還有他遇到問題就＿＿＿＿＿＿＿＿＿＿＿＿＿＿＿＿＿＿＿＿

我勸了他幾次，他都不聽。我實在沒法子了，只好放棄。請你讓我照顧我

們的孩子，因為＿＿＿＿＿＿＿＿＿＿＿＿＿＿＿＿＿＿＿＿＿＿＿＿＿＿＿

他是不可能＿＿＿＿＿＿＿＿＿＿＿＿＿＿＿＿＿＿＿＿＿＿＿＿＿＿＿＿＿

我要跟他离婚！他每天都＿＿＿＿＿＿＿＿＿＿＿＿＿＿＿＿＿＿＿＿＿＿，

从来不＿＿＿＿＿＿＿＿＿＿＿＿＿＿＿＿＿＿＿＿＿＿＿＿＿＿＿＿＿＿＿，

也＿＿＿＿＿＿＿＿＿＿＿＿＿＿＿＿＿＿＿＿＿＿＿＿＿＿＿＿＿＿＿＿＿。

而且他还有很多坏习惯，比方说＿＿＿＿＿＿＿＿＿＿＿＿＿＿＿＿＿＿＿＿

＿＿＿＿＿＿＿＿＿＿＿＿＿＿＿＿＿＿＿＿＿＿＿＿＿＿＿＿＿＿＿＿＿＿

我最受不了的是＿＿＿＿＿＿＿＿＿＿＿＿＿＿＿＿＿＿＿＿＿＿＿＿＿＿＿

你知道吗？有一次他居然＿＿＿＿＿＿＿＿＿＿＿＿＿＿＿＿＿＿＿＿＿＿＿

把我气死了。还有他遇到问题就＿＿＿＿＿＿＿＿＿＿＿＿＿＿＿＿＿＿＿＿

我劝了他几次，他都不听。我实在没法子了，只好放弃。请你让我照顾我

们的孩子，因为＿＿＿＿＿＿＿＿＿＿＿＿＿＿＿＿＿＿＿＿＿＿＿＿＿＿＿

他是不可能＿＿＿＿＿＿＿＿＿＿＿＿＿＿＿＿＿＿＿＿＿＿＿＿＿＿＿＿＿

C. Write an essay on "my dream lover" 〈我的夢中情人〉 using the sheet provided on the next page.

第十課 難道你想一輩子做個窮光蛋？

I. Vocabulary & Characters

A. Choose the right answer to complete each sentence.

___ 1. 在中國，考試的結果對將來的　　在中国，考试的结果对将来的
　　　_____有很大的影響。　　　　　　_____有很大的影响。
　　　a. 貢獻　　　c. 前途　　　　　a. 贡献　　　c. 前途
　　　b. 尊敬　　　d. 道理　　　　　b. 尊敬　　　d. 道理

___ 2. 一般的中國人都很_____教育。　一般的中国人都很_____教育。
　　　a. 選擇　　　c. 實現　　　　　a. 选择　　　c. 实现
　　　b. 重視　　　d. 現實　　　　　b. 重视　　　d. 现实

___ 3. 我們畢業以後，很長時間沒　　我们毕业以后，很长时间没
　　　_____了。　　　　　　　　　　_____了。
　　　a. 回信　　　c. 好處　　　　　a. 回信　　　c. 好处
　　　b. 分手　　　d. 聯繫　　　　　b. 分手　　　d. 联系

___ 4. 目前最_____的專業是什麼？　目前最_____的专业是什么？
　　　a. 熱門　　　c. 成功　　　　　a. 热门　　　c. 成功
　　　b. 熱情　　　d. 運氣　　　　　b. 热情　　　d. 运气

___ 5. 我的父母不算保守，但是他們還　我的父母不算保守，但是他们还
　　　是不_____我對愛情的看法。　　是不_____我对爱情的看法。
　　　a. 放棄　　　c. 願意　　　　　a. 放弃　　　c. 愿意
　　　b. 贊成　　　d. 需要　　　　　b. 赞成　　　d. 需要

___ 6. 他身上一塊錢也沒有，現在是個　他身上一块钱也没有，现在是个
　　　_____了。　　　　　　　　　　_____了。
　　　a. 土包子　　c. 窮光蛋　　　　a. 土包子　　c. 穷光蛋
　　　b. 書呆子　　d. 男子漢　　　　b. 书呆子　　d. 男子汉

B. Choose the answer that paraphrases the phrase in bold.

___ 1. **畫畫不能當飯吃。**　**画画不能当饭吃。**

    a. 畫家沒有錢吃飯。   a. 画家没有钱吃饭。

    b. 畫畫不是一種能賺錢的職業。 b. 画画不是一种能赚钱的职业。

    c. 畫家吃的飯不多。   c. 画家吃的饭不多。

    d. 當畫家也會有前途的。   d. 当画家也会有前途的。

___ 2. **學生都怕考試，不但我是這樣，**　**学生都怕考试，不但我是这样，**
連他這樣的好學生也不例外。　**连他这样的好学生也不例外。**

    a. 我們都怕考試。   a. 我们都怕考试。

    b. 無論是什麼樣的學生都怕考試。 b. 无论是什么样的学生都怕考试。

    c. 就算成績好的學生也怕考試。 c. 就算成绩好的学生也怕考试。

    d. 上面都對。   d. 上面都对。

___ 3. 在這裏進名校要靠關係，**即使他**　在这里进名校要靠关系，**即使他**
成績好也沒用。　**成绩好也没用。**

    a. 只要成績好，就能進名校。 a. 只要成绩好，就能进名校。

    b. 學校嫌他的成績不夠好。 b. 学校嫌他的成绩不够好。

    c. 除非他有關係，否則進不了名校。 c. 除非他有关系，否则进不了名校。

    d. 他的成績不好，要不然就能進名校。 d. 他的成绩不好，要不然就能进名校。

___ 4. **我連自己都養不活，還談什麼興**　**我连自己都养不活，还谈什么兴**
趣，更別說要對社會有貢獻了。　**趣，更别说要对社会有贡献了。**

    a. 自己沒有經濟困難，才能幫別人。 a. 自己没有经济困难，才能帮别人。

    b. 有興趣就能養活自己。 b. 有兴趣就能养活自己。

    c. 有興趣就能對社會有貢獻。 c. 有兴趣就能对社会有贡献。

    d. 對社會有貢獻的人可能沒錢養活自己。 d. 对社会有贡献的人可能没钱养活自己。

_____ 5. 我鋼琴是彈著玩兒的。　　　　我钢琴是弹著玩儿的。

a. 音樂不是我的專業。　　　　　a. 音乐不是我的专业。

b. 音樂是我的事業。　　　　　　b. 音乐是我的事业。

c. 音樂是我的一切。　　　　　　c. 音乐是我的一切。

d. 音樂讓我頭疼。　　　　　　　d. 音乐让我头疼。

C. Choose the appropriate words to complete the following paragraph.

a. 好處	b. 成功	c. 選擇	d. 熱門	e. 例外	f. 從小	g. 理解	h. 成績
好处		选择	热门		从小		成绩

i 養	j. 鋼琴
养	钢琴

孩子，你昨天和我吵了一架就走了。你現在在哪兒呢？在餐廳唱歌還是在舞廳跟朋友聽著_____1音樂跳舞？媽_____2送你去學_____3、學唱歌、學跳舞，只是想讓你有個愛好，多享受生活中的一切。但是像你現在這樣，整天唱歌、跳舞，對你的將來是沒有_____4的。你知道嗎？_____5不好，就考不上大學，考不上大學，以後就找不到好的工作，沒有好的工作，就不能賺錢_____6家，沒辦法過好日子。當然有些文化水平不高的人，也能克服困難，最後可能比念過書的人還_____7，但是這些人是_____8。你現在還年輕，能多

孩子，你昨天和我吵了一架就走了。你现在在哪儿呢？在餐厅唱歌还是在舞厅跟朋友听着_____1音乐跳舞？妈_____2送你去学_____3、学唱歌、学跳舞，只是想让你有个爱好，多享受生活中的一切。但是象你现在这样，整天唱歌、跳舞，对你的将来是没有_____4的。你知道吗？_____5不好，就考不上大学，考不上大学，以后就找不到好的工作，没有好的工作，就不能赚钱_____6家，没办法过好日子。当然有些文化水平不高的人，也能克服困难，最后可能比念过书的人还_____7，但是这些人是_____8。你现在还年轻，能多

學點兒東西，就多學點兒東西，等　　　学点儿东西，就多学点儿东西，等
老了以後再學，就來不及了。你走　　　老了以再学，就来不及了。你走
的時候說：「人要是有＿＿＿9父母的　　的时候说："人要是有＿＿＿9父母的
自由就好了。」你知道嗎？父母也　　自由就好了。"你知道吗？父母也
沒辦法選擇要什麼樣的孩子啊！你　　没办法选择要什么样的孩子啊！你
能＿＿＿10我們的心情嗎？　　　　　　能＿＿＿10我们的心情吗？

D. Find the incorrect characters in each of the following sentences and write the correct
   characters on the lines provided.

＿＿＿＿　1.　他還小，別送他去學剛琴，學　　他还小，别送他去学刚琴，学
＿＿＿＿　　　遊泳。　　　　　　　　　　　　游泳。

＿＿＿＿　2.　既使你城績好，也不能看不起　　既使你城绩好，也不能看不起
＿＿＿＿　　　人。　　　　　　　　　　　　　人。

＿＿＿＿　3.　老完試，我們就沒有連繫了。　　老完试，我们就没有连系了。
＿＿＿＿

＿＿＿＿　4.　他對中國有很大的員獻，我們　　他对中国有很大的员献，我们
＿＿＿＿　　　都遵敬他。　　　　　　　　　　都遵敬他。

＿＿＿＿　5.　我不讚成你跟那個穷光蛋在一　　我不赞成你跟那个穷光蛋在一
＿＿＿＿　　　起。　　　　　　　　　　　　　起。

II. Grammar

Answer the following questions using the patterns provided.

1. Expressing an extraordinary degree

S不但V_1O_1,連O_2也V_1 búdàn…lián…yě	Not only does S V_1, S even V_1O_2
不但S_1V,連S_2也V	Not only S_1V, even S_2 V

1.　你怎麼一下子漢字全忘了？　　　你怎么一下子汉字全忘了？

＿＿＿＿＿＿＿＿＿＿＿＿＿＿＿＿＿＿＿＿＿＿＿＿＿＿＿＿＿＿＿＿＿

2. 聽說她很能幹。　　　　　　　　　听说她很能干。

_____

3. 你知道他很小氣嗎？　　　　　　　你知道他很小气吗？

_____

2. Expressing light-hearted action

V著玩兒（的）　　…zhe wánr (de)	V for fun

1. 你聽說了嗎？她居然説她想去中　　你听说了吗？她居然说她想去中
   國呢！　　　　　　　　　　　　國呢！

_____

2. 你看，他竟然穿那種衣服！真難　　你看，他竟然穿那种衣服！真难
   看！　　　　　　　　　　　　　看！

_____

3. 你將來想當音樂家 yīnyuèjiā 'musician'　　你将来想当音乐家吗？ (just play it for
   嗎？ (just play it for fun)　　　　fun)

_____

3. Expressing one's point of view

在sb.看來… 　　zài…kànlái	in one's view/opinion, ...

1. 在學生看來，什麼樣的老師比較　　在学生看来，什么样的老师比较
   好？　　　　　　　　　　　　　好？

_____

2. 在你看來，「成功」是什麼？　　　在你看来，"成功"是什么？

_____

3. 在你看來，去年哪個導演拍的片　　在你看来，去年哪个导演拍的片
　　子最好？　　　　　　　　　　　　子最好？

_____

4. Making a concessive argument

| 就算S…, (S) 也… | jiùsuàn…, …yě… | even if… , still... |
| 即使S…, (S) 也… | jíshǐ…, …yě… | even if …, still… |

1. 這麼多功課，你晚上不睡覺做得　　这么多功课，你晚上不睡觉做得
　　完嗎？　　　　　　　　　　　　　完吗？

_____

2. 你快給他發電子郵件，跟他商量　　你快给他发电子邮件，跟他商量
　　商量。(He doesn't use computers.)　　商量。(He doesn't use computers.)

_____

3. 他那麼窮，我勸你不要跟他結婚。　　他那么穷，我劝你不要跟他结婚。

_____

5. Expressing an external influence or a specific aspect

| 在sb.的 N 下 | zài…de…xià | under/with sb's N |
| 在N 上/方面 | zài…shàng/fāngmiàn | in terms of N; in the area of N |

1. 學了一年多的中文，你覺得自己　　学了一年多的中文，你觉得自己
　　在什麼方面有很大的進步？　　　　在什么方面有很大的进步？

_____

2. 誰在藝術上有很大的成就？　　　　谁在艺术上有很大的成就？

_____

3. 爲什麼你鋼琴彈得這麼好？　　　　为什么你钢琴弹得这么好？

_____

6. Expressing extremity through contrast

連A都(不/沒)⋯ 更別說B了	lián...dōu (bù/méi)..., gèngbiéshuō...le	even A is ... , not to mention/let alone B

1. 他學了那麼長時間的中文，會看　　　　他学了那么长时间的中文，会看
報 kàn bào 'read newspaper' 了嗎？　　　报了吗？

   _____

2. 你會做北京烤鴨嗎？　　　　　　　　你会做北京烤鸭吗？

   _____

3. 你買了新車嗎？　　　　　　　　　　你买了新车吗？

   _____

 # III. Listening

Listen to each passage and answer the following questions.

Part 1 ___ 1. The speaker
   a. works as a painter so he has no money.
   b. didn't listen to his parents and has become a painter.
   c. wanted to be a painter ever since he was small.
   d. wishes that he had listened to his parents.

   ___ 2. The speakers' parents think that
   a. no painters ever become famous when they are alive.
   b. financial security is important in life.
   c. one should follow one's interest when choosing a career.
   d. their son wouldn't be poor his whole life should he become a painter.

Part 2 ___ 3. The woman
   a. is going to graduate from college next year.
   b. will start working right after her graduation.
   c. will take a one-year break before she starts to work.
   d. won't go to work immediately. Instead, she will stay home.

   ___ 4. The woman
   a. wants to be a professional writer.

   b. has a definite plan for her future.

   c. writes novels for fun.

   d. has decided to stay in the small town where she graduated.

Part 3 ___ 5. The son

   a. didn't do well on the test, so he only got into a public university.

   b. hasn't gotten into any college at all.

   c. got into a private university because he didn't do well on the test.

   d. was useless and his mother was disappointed.

  ___ 6. The mother asked the son

   a. to work hard and take the test as many times as needed to get into a college.

   b. not to worry about what others think of him.

   c. to feel sorry for himself.

   d. to look for a job right away and stop crying about his failure.

Part 4 ___ 7. The daughter

   a. first studied education, and then music, and then computer science.

   b. has decided to settle on one major.

   c. is fed up with computers now.

   d. changes her major every other year.

  ___ 8. The father

   a. asks her daughter to stick to her current major.

   b. wants her daughter to study something else.

   c. thinks that majoring in computer science doesn't offer great prospects now.

   d. thinks that one's interest in something tends to diminish over time.

IV. Speaking

A. Talk about yourself

  Use the following questions as cues.

  1. 你父母希望你將來做什麼工作？不希望你做什麼工作？你自己有什麼看法？

   你父母希望你将来做什么工作？不希望你做什么工作？你自己有什么看法？

  2. 要是你有孩子的話，你希望他們將來做什麼？有什麼樣的職業？

   要是你有孩子的话，你希望他们将来做什么？有什么样的职业？

3. 有沒有人讓你做過你不想做的
　 事？請說一說。

       有没有人让你做过你不想做的
       事？请说一说。

4. 你做過不應該做的決定嗎？什麼
　 決定？如果有機會再決定一次，
　 選擇不同的話，你的生活會是什
　 麼樣子的？

       你做过不应该做的决定吗？什么
       决定？如果有机会再决定一次，
       选择不同的话，你的生活会是什
       么样子的？

5. 你有過什麼樣的理想？哪個理想
　 實現了？請說一說。

       你有过什么样的理想？哪个理想
       实现了？请说一说。

6. 你覺得錢重要嗎？為什麼？你希
　 望自己做個有錢人還是窮光蛋？
　 為什麼？你擔心自己沒錢嗎？你
　 會嫌錢多嗎？

       你觉得钱重要吗？为什么？你希
       望自己做个有钱人还是穷光蛋？
       为什么？你担心自己没钱吗？你
       会嫌钱多吗？

B. The hottest jobs in the next decade
Survey your classmates to find out what they think will be the seven hottest jobs in the next ten years. Have them talk about the benefits and problems of having these jobs, and the reasons these jobs will be in great demand. Then fill out the following form.

熱門工作 热门工作	收入 收入	好處 好处	壞處 坏处	為什麼會熱門 为什么会热门
1.				
2.				
3.				
4.				
5.				
6.				

C. What is "success"?
Poll the opinion of your classmates to find out what their definition of "success" is. Have them give one example of someone they consider to be successful. What kind of lives do successful people lead?

成功就是……	例子	他的生活情況
1.		
2.		
3.		
4.		
5.		

 **V. Reading**

A. Reading a text

Check your comprehension of the lesson text by deciding which statement is correct.

___   1. 王華認爲_____。

a. 李明一定可以找到他理想的
對象。

b. 現實和理想總是不一樣的。

c. 她心中想的「網友」和她見
到的人是一樣的。

d. 理想和現實的距離並不大。

王华认为_____。

a. 李明一定可以找到他理想的
对象。

b. 现实和理想总是不一样的。

c 她心中想的"网友"和她见
到的人是一样的。

d. 理想和现实的距离并不大。

___   2. 王華的父母認爲_____。

a. 學文學沒有前途。

b. 寫小說不能算是一種職業。

c. 學習是爲了工作。

d. 上面都對。

王华的父母认为_____。

a. 学文学没有前途。

b. 写小说不能算是一种职业。

c. 学习是为了工作。

d. 上面都对。

___   3. 王華的父母_____。

a. 想法和美英的爸媽一樣。

b. 認爲學什麼都好。

c. 認爲要有興趣才能學習。

d. 認爲學習的時候，不必考慮
將來的前途。

王华的父母_____。

a. 想法和美英的爸妈一样。

b. 认为学什么都好。

c. 认为要有兴趣才能学习。

d 认为学习的时候，不必考虑
将来的前途。

___　4. 王華_____。　　　　　　王华_____。

　　a. 對電腦沒有興趣，所以成績　　a 对电脑没有兴趣，所以成绩
　　　　不好。　　　　　　　　　　　　不好。

　　b. 考上名校，很有成就感。　　b. 考上名校，很有成就感。

　　c. 覺得老美多半是爲自己的興　　c 觉得老美多半是为自己的兴
　　　　趣學習。　　　　　　　　　　趣学习。

　　d. 上的是公立大學，所以不開　　d. 上的是公立大学，所以不开
　　　　心。　　　　　　　　　　　　心。

___　5. 李明認爲中國父母_____。　　李明认为中国父母_____。

　　a. 從小要孩子尊敬別人。　　　a. 从小要孩子尊敬别人。

　　b. 最關心孩子的考試和成績。　　b. 最关心孩子的考试和成绩。

　　c. 都希望孩子當個音樂家。　　c. 都希望孩子当个音乐家。

　　d. 要孩子又會念書又會玩。　　d. 要孩子又会念书又会玩。

___　6. 李明的父母認爲_____。　　　李明的父母认为_____。

　　a. 每個人都應該有理想。　　　a. 每个人都应该有理想。

　　b. 李明應該努力實現他的理想。　b. 李明应该努力实现他的理想。

　　c. 當畫家生活一定會很苦。　　c. 当画家生活一定会很苦。

　　d. 什麼工作都能養活自己。　　d. 什么工作都能养活自己。

B. Reading a journal

Read the journal passage below and answer the following questions.

李明爸爸的日記　　　　　　李明爸爸的日记

十一月二十九日　星期四　陰　　十一月二十九日　星期四　阴

　　兒子今天來信了，說他現在學　　　儿子今天来信了，说他现在学
習很努力，每天都開夜車。商學院　习很努力，每天都开夜车。商学院
shāngxuéyuàn 'business school'的功課重，　的功课重，考试多，要想成绩好，
考試多，要想成績好，非拼命不　　非拼命不可。
可。

　　這個孩子從小就沒讓我擔心　　　这个孩子从小就没让我担心
過，聰明、聽話、又懂事，特別能　过，聪明、听话、又懂事，特别能
　　　　　　　　　　　　　　　　理解父母的心情。我知道他一直对

理解父母的心情。我知道他一直對藝術很感興趣——不是我送他去學畫的嗎？但是我不能讓他像我這樣，一輩子做個窮光蛋啊！

我自己是搞文學的，在名校教書，對教育也有過一點兒貢獻，但是收入還不如街上那些賣東西的小販呢！今天的社會就是這樣：學商的有「錢」途，念文的沒飯吃。有理想很好，可是也不能不看看現實啊！希望小明在國外多學點兒東西，將來日子過得比我們好！

艺术很感兴趣——不是我送他去学画的吗？但是我不能让他象我这样，一辈子做个穷光蛋啊！

我自己是搞文学的，在名校教书，对教育也有过一点儿贡献，但是收入还不如街上那些卖东西的小贩呢！今天的社会就是这样：学商的有"钱"途，念文的没饭吃。有理想很好，可是也不能不看看现实啊！希望小明在国外多学点儿东西，将来日子过得比我们好！

T/F 1. 李明在美國學習不努力，所以成績不好。

李明在美国学习不努力，所以成绩不好。

T/F 2. 在爸爸看來，李明一直是個聽話的好孩子。

在爸爸看来，李明一直是个听话的好孩子。

T/F 3. 爸爸自己是學文學的，所以也贊成李明搞藝術。

爸爸自己是学文学的，所以也赞成李明搞艺术。

T/F 4. 爸爸重視教育，從小就送李明去學畫，希望他將來做個名畫家。

爸爸重视教育，从小就送李明去学画，希望他将来做个名画家。

T/F 5. 爸爸雖然在名校教書，但是錢賺得很少。

爸爸虽然在名校教书，但是钱赚得很少。

T/F 6. 爸爸認為搞文學、藝術的人對社會沒有貢獻。

爸爸认为搞文学、艺术的人对社会没有贡献。

T/F 7. 爸爸認為人要有理想，也要適應現實。

爸爸认为人要有理想，也要适应现实。

T/F　8.　爸爸希望李明將來能實現他從
　　　　小就有的理想。

爸爸希望李明將來能实现他从
小就有的理想。

C. Reading a story
Read the story below and answer the following questions.

一個雞蛋的理想

　　從前有個人家裏很窮，常常是吃了早飯，吃不上[1]晚飯。

　　有一次，他在路上走，看到一個雞蛋[2]，他把雞蛋拿起來，高興極了，就馬上回家告訴他的妻子說：「我就要有錢了。」他拿出雞蛋給他的妻子看，又說：「雞蛋能變成[3]小雞，小雞長大了會變成母雞，母雞生了蛋，再變成小雞，這樣雞生蛋，蛋變雞，兩年就會有三百隻雞。賣了錢，就可以買五頭母牛，牛又生牛，三年以後，就可以有二十五頭牛。把牛賣了，再去買別的東西，錢就會一天比一天多。」

　　最後他又說：「等錢多了，我一定再找個漂亮的太太。」他的妻子一聽，氣得要命，就把雞蛋拿過來丟[4]到石頭[5]上。

一个鸡蛋的理想

　　从前有个人家里很穷，常常是吃了早饭，吃不上[1]晚饭。

　　有一次，他在路上走，看到一个鸡蛋[2]，他把鸡蛋拿起来，高兴极了，就马上回家告诉他的妻子说："我就要有钱了。"他拿出鸡蛋给他的妻子看，又说："鸡蛋能变成[3]小鸡，小鸡长大了会变成母鸡，母鸡生了蛋，再变成小鸡，这样鸡生蛋，蛋变鸡，两年就会有三百只鸡。卖了钱，就可以买五头母牛，牛又生牛，三年以后，就可以有二十五头牛。把牛卖了，再去买别的东西，钱就会一天比一天多。"

　　最后他又说："等钱多了，我一定再找个漂亮的太太。"他的妻子一听，气得要命，就把鸡蛋拿过来丢[4]到石头[5]上。

1. 吃不上		chībushàng	unable to eat	
2. 雞蛋　鸡蛋		jīdàn	chicken eggs	
3. 變成　变成		biànchéng	to change into	

4. 丟		diū	to throw	
5. 石頭　石头		shítou	stone	

___ 1. 這個人最後的理想是_____。
    a. 買很多牛。
    b. 買很多雞。
    c. 再找一個妻子。

这个人最后的理想是_____。
    a. 买很多牛。
    b. 买很多鸡。
    c. 再找一个妻子。

___ 2. 他的妻子_____。
    a. 贊成他的想法。
    b. 討厭他的想法。
    c. 對他很有信心。

他的妻子_____。
    a. 赞成他的想法。
    b. 讨厌他的想法。
    c. 对他很有信心。

___ 3. 這個人的理想_____。
    a. 最後實現了。
    b. 完全沒有實現。
    c. 實現了一半。

这个人的理想_____。
    a. 最后实现了。
    b. 完全没有实现。
    c. 实现了一半。

___ 4. 這個故事的意思是_____。
    a. 不要高興得太早。
    b. 不要在路上拿東西。
    c. 不要做買賣。

这个故事的意思是_____。
    a. 不要高兴得太早。
    b. 不要在路上拿东西。
    c. 不要做买卖。

D. Reading authentic material

1. Read the headline on the right and answer the following questions.

  ___a. This news is about encouraging (1) children to read (2) schools to give fair tests (3) the government to reform the exam system.

  ___b. Who should be re-educated? (1) school teachers (2) parents (3) both 1 and 2.

2. Read the advertisement on the next page (on the left) and answer the following questions.

  ___a. This place offers classes for (1) children (2) adults (3) housewives (4) all of the above.

  ___b. If one wants to study English, one can sign up for (1) an English pronunciation class (2) a daily conversation class (3) a reading comprehension class (4) a creative writing class.

鼓勵小朋友看書 千萬別考試
教改團體提醒教育部 家長、老師也要再教育

___c.　This place will help you (1) get into a famous college (2) get a passport (3) prepare for a job interview (4) become taller.

3.　Read the headline on the right and find out:

___a.　What is the most popular activity during summer vacation for middle school students in Hong Kong?

_____

___b.　What other two activities are also quite popular among middle school students in Hong Kong?

_____

中學生暑期活動　睡覺最熱門

三成喜歡運動及上網　做義工及暑期工最不受青睞

　【中央社香港十三日電】調查發現，香港中學生暑假最常做的消遣活動竟是睡覺。香港民主黨近日調

　民主黨呼籲家長在給予子女選擇暑期活動的自由時，應作出適當指引及安排，讓子女可以有效地運用良好，三成多人承認關係普通，不

　六成學生表示與家人和朋友關係

4. Read the authentic material below and answer the following questions.

___a. This is (1) a diploma (2) a transcript (3) a certificate.

___b. How many credits did the student take in the first semester? (1) 23 (2) 25 (3) 20.

___c. This student's major is (1) computer science (2) English language and literature (3) fine arts.

北 京 大 学 学 生 成 绩 单 （

姓 名：　　　　　　学 号：　　　　　系 所：英语语言文学系

学 年 学 期	课 程 名 称	课 类	总 学 时	学 分	成 绩
1995--1996 学年 第 1 学期	现代社会的人生理论与实践	必	34	2.0	91
	体育一	必	34	1.0	76
	军事理论与军事训练	必	68	2.0	80
	英语精读（一）	必	102	4.0	82
	英语视听（一）	必	68	2.0	91
	阶梯阅读（速读与理解）（一）	必	34	2.0	84
	口语（一）	必	34	2.0	84
	英语语音（一）	必	34	1.0	86
	应用文写作	必	34	2.0	88
	西方文明史	限	34	2.0	75
1995--1996 学年 第 2 学期	中国革命史（理，外）	必	51	3.0	72
	体育二	必	34	1.0	81
	英语精读（二）	必	102	4.0	86
	英语视听（二）	必	68	2.0	91
	阶梯阅读（二）	必	34	2.0	81
	口语（二）	必	34	2.0	88
	英语语音（二）	必	34	1.0	87
	英国概况	限	34	2.0	89
	写作	限	34	2.0	90
	现代电影美学 B	任	34	2.0	85
	艺术学概论	任	51	2.0	86
	名著名篇导读	任	34	2.0	86

VI. Writing

A. Complete the following dialogue between a father and his child, who is off to college and thinking about majoring in something "unpractical."

爸爸：　上了大學以後，想選擇哪個專業？上了大学以后，想选择哪个专业？

孩子：　_____

爸爸：　學這個有前途嗎？　　　　　　　学这个有前途吗？

孩子：　_____

爸爸：　我反對你這種想法。　　　　　　我反对你这种想法。

孩子：　_____

爸爸：　我覺得你還是應該考慮學別的。我觉得你还是应该考虑学别的。

孩子：　_____

爸爸：　你這麼做，將來會吃苦的。　你这么做，将来会吃苦的。

孩子：　_____

爸爸：　我不願意看到你過苦日子。　我不愿意看到你过苦日子。

孩子：　_____

爸爸：　聽我的，沒錯。我都是為你好。听我的，没错。我都是为你好。

孩子：　_____

B. Write an essay about the person whom you most respect 〈我最尊敬的人〉 or about an ideal you hold 〈我的理想〉. Use the sheet provided on the next page.